Vladimir Sorokin · Der Obelisk

VLADIMIR SOROKIN

Der Obelisk

ERZÄHLUNGEN

AUS DEM RUSSISCHEN
VON
GABRIELE LEUPOLD

HAFFMANS VERLAG

Die Erzählungen erscheinen
hier erstmals

1.–8. Tausend, Februar 1992

Satz: LibroSatz, Kriftel
Herstellung: Offizin Andersen Nexö, Leipzig
ISBN 3 251 00192 2

Inhalt

SAISONERÖFFNUNG

Sergej setzte einen Fuß auf den kaum erkennbaren schmalen Pfad, der sich durch das Moor schlängelte, doch Kuzma Egoryč hielt ihn warnend an der Schulter zurück.

– Nein, Serež, hier kommen wir nicht durch.

– Warum? – Sergej drehte sich nach ihm um.

Der Jäger verscheuchte eine Bremse aus seinem Gesicht und antwortete gemächlich:

– Vorgestern hats in Strömen geregnet, jetzt ist das Moor gestiegen. Dort bei der Paninsenke reicht es dir bis zum Gürtel und mir bis zur Brust. Da gehen wir besser außen rum.

– Durch den Holzschlag?

– Wo denkst du hin! Ein Umweg von mehr als einer Verst. Über den dunklen Waldweg ist es näher.

– Na gut, gehen wir. Du kennst dich besser aus, – sagte Sergej und machte kehrt.

– Das steht fest, – lachte der Jäger leise und schob seine in die Augen gerutschte Klappmütze zurück. – Mir ist die ganze Gegend wohl vertraut. Fünfzig Jährchen treib ich mich hier herum.

– Da kennst du wahrscheinlich jeden Strauch.

– So ist es, mein Lieber, so ist es ... – seufzte der Jäger und ging voran.

Das wuchernde Gestrüpp am Rande des Moores endete bald, an seine Stelle trat junger Birkenwald. Hier war es trockener, altes gelbes Gras stand bis zur Hüfte, raschelte leise bei jedem Schritt. Der Jäger steckte sich im Gehen eine

Zigarette an, er zog eine süßliche, hellblaue Rauchwolke hinter seinem gebeugten wattierten Rücken her. Sergej griff in die Tasche, zog ein leeres Päckchen »Java« hervor, zerknüllte es und warf es ins Gras. Ein leichter Wind zauste das Birkenlaub, schaukelte die Grasbüschel. Sergej rupfte im Gehen einen Grashalm ab, steckte ihn in den Mund und sah sich um. Über dem hinter ihnen liegenden Moor stand leichter Nebel, zwei Milane kreisten fiepend im gelblichrosa Dunstschleier. Als der Birkenwald endete, hielt sich Kuzma Egoryč stärker rechts. Sie durchquerten eine kleine Schlucht, bogen um eine Reihe in den Boden eingesunkener Feldsteine und traten in einen Fichtenwald. Sergej zog den Grashalm aus dem Mund und warf ihn in eine junge Fichte. Der Grashalm verschwand zwischen ihren milchiggrünen Fächern. Der Weg wurde breiter und dunkler. Der Jäger drehte sich nach Sergej um und richtete den von der Schulter rutschenden Gewehrriemen.

– Und du bist hier noch nie gewesen?

– Nein, Egoryč. Nicht ein einziges Mal.

– Ein finsterer Ort . . . – der Jäger ging jetzt neben ihm und sah vor seine Füße.

– Die Fichten sind gut gewachsen. Schlank.

– Ja. Die hiesige Fichte ist tatsächlich prachtvoll.

– Und wie dicht der Wald ist, – murmelte Sergej und sah um sich. – Hier gibt es sicher reichlich Auerhähne, Haselhühner . . .

– Auerhähne hat es gegeben, genau. Das Moor, Beerensträucher gleich dabei, da sind sie nicht fern. Doch dann sind sie irgendwie verschwunden. Ich begreife nicht, warum. Aber Haselhühner eine Menge. Auf ein Lockzeichen kommt gleich ein ganzer Schwarm angeflogen. Mußt nur noch draufhalten.

– Und wieso sind die Auerhähne verschwunden? – fragte Sergej.

– Das weiß ich auch nicht, – der Jäger blinzelte und strich sich über den Bart. – Keine Ahnung. Gejagt haben kann sie eigentlich keiner, und finstere Ecken sind ja da. Ich weiß nur, der Auerhahn, der ist schon sehr launisch. Vorsichtig. Haselhuhn und Birkhuhn, für die muß noch nicht mal Gras wachsen. Die können überall leben. Aber der andere ...

Sergej schaute nach oben. Die hochgewachsenen Fichten berührten sich über dem Weg, die Sonne schien schwach durch sie hindurch. Der Boden unter den Füßen war weich und trocken.

– Egoryč, wie ist das, gab es hier außer Korobka keine anderen Dörfer?

Der Jäger schüttelte den Kopf:

– Von wegen! Drei Dörfer gab es. Zwei so klein wie Vorwerke, und eins mit ungefähr vierzig Häusern.

– Und jetzt?

– Fort sind alle nach und nach. Die Alten sind gestorben. Und die Jungen zieht es in die Stadt. Und nun stehen die vernagelten Hütten da. Und faulen vor sich hin.

– Ist es weit von hier?

– Ungefähr fünf Werst das eine, und das Vorwerk ein Stück weiter.

– Ja ... Das müßte man sich mal ansehen.

– Warum nicht. Das machen wir irgendwann. Dann schaust du dir an, wie die Brennessel durchs Fenster wächst!

Sergej schüttelte den Kopf und rückte das Gewehr zurecht.

– Schlecht ist das.

– Und ob. Was soll daran auch gut sein. Scheußlich, diese Häuser da anzuschauen. Solche geraden Balken, massive Fichte. Längst Zeit, sie wegzuschaffen, bei Gott ...

– Ja aber, gibt es denn keinen, der das macht?

Der Jäger winkte ab.

– Aaach wo ... Keiner will sich die Mühe machen. Das Volk ist faul geworden ...

– Na, da bist du aber vorschnell. Heute im Sägewerk, wie die Eurigen da zugepackt haben.

– Das soll man zupacken nennen? – wunderte sich Kuzma Egoryč.

– Ja was, haben sie in deinen Augen schlecht gearbeitet?

Der Jäger winkte wieder ab.

– Das ist doch kein Arbeiten. Haben wir vor dem Krieg etwa so gearbeitet? Auf die Uhr geschaut? Wir sind doch aus dem Wald gar nicht herausgekommen. Die eigene Wirtschaft vernachlässigst du, schimpfte meine verstorbene Frau wie ein Rohrspatz – Heumahd ist, aber wir sind beim Durchzählen, die Tannenzapfen, die Anpflanzungen! Mähst als letzter, wenn sich alle schon verdrückt haben und Tee trinken.

Sergej sah ihn lächelnd an. Der Jäger schritt weit aus und hob verwundert seine knotigen Arme:

– Und im Krieg? Wenn die Männer damals erfahren hätten, daß in fünf Werst Entfernung zehn Balkengebinde stehen, die keiner braucht – die hätten sie sich gleich am nächsten Tag geholt! Aber heutzutage faulen sie vor sich hin und Schluß . . . ein widerlicher Anblick . . .

Er schwieg, rückte die Klappmütze zurecht.

Der Fichtenwald wurde spärlicher, Sonnenstrahlen fielen durch die Nadeln auf den Weg, glitten über die grauen Stämme.

– Jetzt biegen wir ab, und da ist es dann gleich, – der Jäger machte ein Zeichen mit der Hand.

Sie bogen ab und traten auf einen mit Gebüsch zugewachsenen Pfad. Vor ihnen erhob sich plötzlich ein Geräusch, schwere Flügel schlugen, und zwischen den Stämmen waren auffliegende Auerhähne zu sehen. Der Jäger blieb stehen und folgte ihnen mit den Augen.

– Da sind sie. Jungvögel . . . doch nicht verschwunden . . .

Sie standen eine Weile und lauschten den fortfliegenden Vögeln.

– Ganz schön kräftig, – Sergej schüttelte den Kopf.

– Ja. Bis zum Herbst kann man die Jungen von den Alten schon nicht mehr unterscheiden ... hör, was die für ein Spektakel machen ...

Kuzma Egoryč schritt vorsichtig voran, ließ die Augen schweifen und machte sich klein.

– Schau mal, Serež ...

Sergej kam heran und ging in die Hocke. Der mit Tannennadeln übersäte Boden war gefleckt von Auerhahnkot, hier und da waren die glatten kleinen Kuhlen zu sehen, in denen die Vögel gebadet hatten.

– Sie leben also noch ... – lächelte Kuzma Egoryč, nahm ein vertrocknetes Kotwürmchen in die Hand, zerrieb es und warf es weg. – Wenn wenigstens die hierblieben ...

Sergej nickte teilnahmsvoll.

Hinter dem Fichtenwald lag eine große Wiese. Das Gras war abgemäht, drei einsame Eichen standen mittendrin. Am anderen Ende, ganz am Rand, war ein riesiger Heuschober zu sehen. Der Jäger kratzte sich die Schläfe und sah sich um.

– So, jetzt sind wir durch. Noch eine halbe Verst, und dann kommen die Schneisen ...

Sergej strich sich eine klebrige Spinnenwebe aus dem Gesicht:

– Dann sind wir also auf der rechten Seite drumherum gegangen?

– M-hm.

– Wirklich schnell. Und ich wollte durch die Schneisen.

Der Jäger lächelte.

– So war es kürzer.

Sergej nickte.

– Du bist ein zweiter Ivan Susanin, Egoryč!

– Ach was ...

Sie überquerten die Wiese und kamen in einen dichten Mischwald. Kuzma Egoryč ging sicheren Schritts vorneweg, trat auf knackende Äste, schob die biegsamen Zweige eines Nußbaums beiseite und hielt sie fest. Seine graue wattierte Jacke war bald voller Spinnweben, ein dürres Ästchen hing an seinem Kragen.

– Sag mal, Egoryč, hier wachsen wahrscheinlich viele Pilze? – sagte Sergej in den wattierten Rücken des Jägers.

– Kommt darauf an.

– Und in diesem Jahr?

– Nicht übel. Marja hat drei Eimer voll nach Hause gebracht. Haben sie eingesalzen.

Linker Hand tauchte mitten im Gebüsch eine vom Blitz gespaltene Eiche auf. Ihr der Länge nach gespaltener Stamm schimmerte hell im dunklen Grün.

– Schau mal, die hats erwischt ... – Sergej wies mit dem Kopf hin.

– Ja, und hat nicht einmal abseits gestanden.

– Da steht ja noch so eine. Warum hat es denn in die hier eingeschlagen ...

– Gott wird es wohl wissen.

Sergej lachte auf.

– Was lachst du. Bei uns drüben sind wir achtundfünfzig zu viert nach der Heumahd übers Feld gegangen, alle mit Heugabeln und Sensen über den Schultern. Nur die Frau ging ohne, sie trug den Topf mit Grütze. Ein Donnerschlag, und es hat in sie eingeschlagen. Sie hatte gar kein Eisen an sich und war kleiner als wir alle. Gott wollte wohl für ihre Sünden mit ihr abrechnen ...

– Zufall, – murmelte Sergej.

– Zufälle gibt es nicht, – unterbrach ihn der Jäger überzeugt.

Der Wald endete, zwischen den Stämmen öffnete sich eine sonnendurchflutete Schneise.

Kuzma Egoryč wandte sich zu Sergej um und hob den Finger:

– So, leise jetzt. Sonst hört er uns, und dann gut' Nacht.
– Wie kommen wir ran? – flüsterte Sergej und nahm das Gewehr von der Schulter.
– Da ganz hinten schlagen wir uns durch die Büsche ...

Der Jäger nahm seine Doppelflinte von der Schulter, spannte die Hähne und ging, den Gewehrkolben unter den Arm geklemmt, den Lauf gesenkt, durch die Schneise. Sergej folgte ihm in kurzem Abstand. Die Schneise war breit. Die massiven Baumstümpfe waren mit der Zeit ganz von Büschen und Farn überwachsen, das hohe Gras stand wie eine Wand in der ganzen Schneise. Der Jäger umging vorsichtig die Baumstümpfe, stieg über umgefallene Stämme. Sergej bemühte sich, nicht zurückzubleiben. In der Mitte der Schneise flatterte vor den Füßen des Jägers ein Birkhuhn auf und flog schwerfällig davon. Kuzma Egoryč stieß einen lustigen Fluch aus, folgte ihm mit den Augen und ging weiter. Als sie sich dem Schneisenrand näherten, wies er Sergej stumm auf eine hohe Fichte hin. Sergej nickte, legte das Gewehr nieder, nahm den Rucksack ab und begann, ihn aufzubinden. Der Jäger hielt das Gewehr gefällt, sah um sich und lauschte. Sergej holte ein Seil und einen kleinen Kassettenrecorder aus dem Rucksack. Dann befestigte er einen Stein am Seil, holte aus und schleuderte ihn ins Dickicht der Zweige. Der Stein zog das Seil gleich über drei buschige Wedel und landete schaukelnd wieder neben dem Kopf Sergejs, der ihn schnell packte, losband und daran ging, den Kassettenrecorder am Seil zu befestigen. Als er fertig war, drückte er auf den Knopf und zog am freien Ende des Seils. Der Kassettenrecorder krächzte mit der heiseren Stimme von Vysockij los und verschwand schnell nach oben. Je höher er am gespannten Seil hinaufschaukelte, desto lauter tönte der rhythmische Klang der Gitarre und die durchdringende, überstrapazierte Stimme durch den still gewordenen Herbstwald:

– Doch auf dem Friedhof, da herrscht Ruh, nichts und niemand will sich regen, alles ordentlich und anständig dazu, was für ein außerordentlicher Segen – der Kassettenrecorder verschwand im dichten Nadelgehölz, verstummte und begann aufs neue:
– Hausbrrranntwein hab ich gekauft und gezuckertes Hallwa, Heerrringe aus Kerrrč und auch Rrrigaer Bier, bin nach Belye Stolby gefahrn, den Brrruder und die Irrren anschaun mir . . .

Sergej band das Seil eilig um den Stamm der Fichte, nahm das Gewehr hoch, ging in die Hocke und entsicherte mit dem Daumen den Abzughahn.
– Und die Irrren, die leben dahiiin, wies jeder gerne hääätt, willst du singen – siiing, willst du schlafen – geh ins Beeett! – kam es aus der Fichte.

Der Jäger schaute gespannt in die Tiefe des Waldes. Der Kassettenrecorder sang das Lied über die Irren zu Ende und begann ein neues, über den jungen Burschen, der nicht schoß. Der Jäger und Sergej warteten weiter, ohne sich zu rühren. Zwei Enten flogen über die Schneise. Das Waldecho ließ die Worte ineinanderhallen und warf sie zurück. Sergej ging der Bequemlichkeit halber auf die Knie.
– Der deutsche Scharrrfschütz erreichte auch mich, als er den trrraf, der selberrr niemals schoß, – sang Vysockij und verstummte.

Aus der Fichte hörte man sein gedämpftes Sprechen, dann das Lachen eines nicht sehr zahlreichen Publikums.

Der Jäger beugte sich stärker vor, fuchtelte plötzlich mit der Hand und zeigte auf das Gewehr. Vysockij stimmte in aller Ruhe seine Gitarre. Sergej entdeckte zwischen den Bäumen eine untersetzte Gestalt und nahm sie aufs Korn.
– Spinnst du! Spinnst du! – flüsterte der Jäger verzweifelt und versteckte sich hinter einem Busch. – Das ist zu weit! Laß ihn näherkommen, du verletzt ihn, und er ist weg!

Sergej leckte sich die ausgetrockneten Lippen und ließ den Lauf sinken. Vysockij schlug hart auf die Saiten ein:
– Die Meeerrresbucht gibt es nicht meeehr, und von den Eichen keine Spuurrr, Eiche taugt für das Parrrkeeett, also – weeeg! Und aus den Hüüütten traten sie, hüüünenhafte Kerrrle, alle Eiiichen fällllten sie nurrr für Eichensäääarrrge!

Eine untersetzte Gestalt kam auf die Fichte zu und zertrat dabei knackende Äste. Sergej hob das Gewehr, zielte, unterdrückte das Zittern seiner schweißnassen Hände und gab rasch nacheinander zwei Schüsse ab. Das Krachen übertönte das aus den Tannenzweigen kommende Lied. Die dunkle Gestalt fiel in sich zusammen, machte eine Bewegung und mühte sich, auf die Beine zu kommen. Während Sergej fieberhaft nachlud, hob sich der Jäger aus dem Gebüsch und setzte zweimal aus seiner Büchse nach. Die Bewegung erstarb.
– Doch du verfliiieg, verfliiieg, Schwermuuut, aus meiner tiefen Brrrust! Das war erst der Vooorspannn, das Määärchen fooolgt sodannn! – sang Vysockij gedehnt. Sergej spähte durch den Pulverrauch und hob noch einmal das Gewehr, doch der Jäger winkte ab.
– Genug, wozu auf einen Kadaver feuern. Schauen wir ihn uns mal an ...

Sie pirschten sich vorsichtig heran und hielten die Gewehre im Anschlag. Er lag etwa dreißig Meter entfernt, die Arme von sich gestreckt, den Kopf in einen kleinen Ameisenhaufen gebohrt. Der Jäger war als erster da und stieß ihn mit dem Stiefel in die wattierte Seite. Es rührte sich nichts. Sergej versetzte dem blutverschmierten Kopf einen Tritt. Er kippte willenlos zur Seite und gab ein Ohr mit einem an der Wange angewachsenen Ohrläppchen frei. Aufgeregte Ameisen krochen darauf herum. Sergej legte das Gewehr neben sich und zog flink sein Messer aus der ledernen Scheide am Gürtel. Der Jäger packte den Leichnam am

Arm und drehte ihn auf den Rücken. Das Gesicht war blutüberströmt, panische Ameisen wimmelten darin umher. Die wattierte Jacke stand offen, auf der nackten Brust waren die blutigen Schrotmale zu sehen. Sergej stieß das Messer kraftvoll in die braune Brustwarze, richtete sich auf und wischte sich mit dem Handrücken die schweißnasse Stirn. Aus dem Mund der Leiche quoll purpurrotes Blut.

– Ein kräftiger Bursche, – murmelte der Jäger lächelnd, zog das Klappmesser aus der Tasche und begann, dem Toten geschickt die Kleider vom Körper zu schneiden. Schweigend betrachtete Sergej den Erschossenen.

– Da ist wirrrklich eine Kaaa-tze, die macht es mit ihrer Tatze, liiiefert rrrechts ne Anekdooo-te, und nach links ne Zooo-te . . .

– Das da müßten wir runterholen, Serež, – hob der Jäger den Kopf.

Sergej nickte und ging zur Fichte.

– Hier hats ihn erwischt . . . wie durchsiebt er ist . . . – murmelte der Jäger, als er den blutigen Bauch der Leiche freilegte.

Sergej ging zum Baum, löste den Knoten und ließ den Kassettenrecorder vorsichtig herunter.

– Das war erst der Vooorspannn, das Määärrchen fooolgt sodannn! – brachte Vysockij noch heraus und verstummte, unterbrochen vom Knipsen der Taste.

Sergej wickelte das Seil auf und packte es samt dem Kassettenrecorder in den Rucksack. Der Jäger trennte währenddessen gekonnt den Kopf ab, rollte ihn mit dem Stiefel beiseite und richtete sich schwer atmend auf.

– Soll erst mal das Blut ausfließen, dann zerlegen wir ihn . . .

Sergej kam zurück und ging vor der Leiche in die Hocke.

– Wie schnell wir ihn erledigt haben, he, Egoryč, kaum zu glauben . . .

– Du hast ihn erwischt, und ich hab ihm den Rest gegeben! – lachte der Jäger. – Bin schließlich noch nicht ganz blind.
– Alle Achtung!
– Und kam aus dem größten Dickicht, das Aas.
– Ja, er kam ungünstig.
– Aber du hast es ihm ordentlich gegeben! Den ganzen Wanst dermaßen durchsiebt!
– Und den Kopf hast wahrscheinlich du getroffen . . .
– M-hm. Bei mir gehts immer höher ab . . . man müßte ihn von den Ameisen wegziehen, sonst kleben sie überall . . .
– Komm, wir ziehen ihn unter die Eiche . . .

Sie packten die Leiche an den Füßen und schleiften sie über den Boden. Der Kopf blieb neben dem Ameisenhaufen liegen. Der Jäger ging noch einmal zurück, nahm ihn am Ohr und brachte ihn zur Eiche. Aus dem Hals der Leiche tropfte Blut. Sergej zog einen Flachmann mit Kognak hervor, nippte daran und gab ihn an Kuzma Egoryč weiter. Der wischte sich die klebrigen Finger an der Hose ab, nahm vorsichtig die Flasche entgegen und nahm einen Schluck.

– Der ist stark . . .

Sergej musterte die Leiche.

– Ein Schrank von einem Mann. Was für Schultern!

Der Jäger nahm noch einen Schluck und gab die Flasche zurück.

– Ein kerngesunder Bursche . . . Na komm, ziehen wir ihn ab und weiden ihn aus . . .

Er schlitzte behende den Leib auf, trennte das Herz heraus, schob die leicht violetten Därme beiseite und begann, die Leber herauszulösen.

– Hier hat es ihn auch erwischt . . .

Sergej lächelte und schaute hoch. Kaum sichtbar schwebte ein Milan mit schwachem Flügelschlag über dem Wald.

– Aber das Leberchen können wir uns jetzt gleich braten, – murmelte Kuzma Egoryč, während er in den Gedärmen wühlte.

– Genau, – antwortete Sergej. – Auf Kohlen.

– Ja, oder am Spieß. Frisches Fleisch, du weißt, wie gut das ist . . .

– Ich weiß, – Sergej lächelte und setzte noch einmal den Flachmann an die Lippen. – Also Egoryč, Weidmannsheil!

– Weidmannsdank, Weidmannsdank, Serež . . .

DIE LANDPARTIE

– Hier, hier, den Feldweg, – Stepčenko zeigte mit der Zigarette ins Dunkle.

Der Fahrer nickte, drehte das Lenkrad herum, und weich glucksend schaukelte der »Volga« durch die Schlaglöcher.

Die Scheinwerfer erleuchteten den Weg: angetrockneter Lehm, zerrupfte Büsche und spärlicher Birkenwald ringsum.

– Das sind schöne Plätzchen hier, pilzreiche, – sagte Stepčenko leise. – Der Wald ist licht, die besten Stellen. Besonders für Steinpilze. Warst du noch nie hier? – er drehte sich zu Viktor um.

– Nein, eigentlich nie.

– Ich ziemlich oft. Kaum ist es August, September – bin ich da. Im August gibts hier Steinpilze, Steinpilze, da schnallst du ab! Andere Pilze gibt es auch viele, aber die Steinpilze – irre!

– Viel? – fragte der Fahrer, ohne den Weg aus den Augen zu lassen.

– Am Tag sammelst du bequem einen Eimer ... Mehr rechts, Petj, mehr rechts. Da ist ein Loch ... genau ... Und im September Honigpilze. Nicht hier allerdings, ein bißchen weiter. Zwei Kilometer von hier ungefähr.

– Wir sind letztes Jahr die Iljinsker Chaussee gefahren, – sagte Viktor, – Anfang Oktober. Die Honigpilze waren fast schon vorbei, aber immerhin, so zwei Eimer haben wir noch gesammelt ...

Stepčenko lachte:

– Da merkt man gleich, Vitek, daß du kein Pilzesammler bist! Zwei Eimer Honigpilze! Die sammelt man mit dem Auto. Breitest eine Plane im Wald aus und trägst sie ganze Arme voll nach Hause.

– Genau, – murmelte der Fahrer und umfuhr eine Mulde mit trübbraunem Wasser. – Wir sind manchmal gefahren und hatten jeder zwei volle Säcke. Die Frau war eine Woche lang mit Einlegen beschäftigt.

Stepčenko rauchte aus und warf die Kippe aus dem Fenster.

– Petj, an den drei Birken halten wir . . .

Der Fahrer fuhr bis zu den Birken und stellte den Motor ab.

– Also, da sind wir, – Stepčenko kroch aus dem Auto und streckte sich, die Arme hinter dem Kopf. – Ooooch . . . was für eine Stille . . .

Viktor stieg ebenfalls aus und sah sich um.

Vor ihnen stand der nächtliche Wald.

Viktor berührte die feuchten Blätter einer jungen Birke.

– Gibts hier hauptsächlich Birken?

– Ja, – Stepčenko schlug die Wagentür zu und sah auf sein leuchtendes Zifferblatt. – Halb elf. Gut. Gerade richtig . . .

Der Fahrer klappte den Vordersitz nach hinten, zog das Jackett aus und streckte sich ächzend.

– Machst du ein Schläfchen, Petj? – Stepčenko lugte in den Wagen.

– Ich mach ein Schläfchen.

– Na dann, – Stepčenko richtete sich auf und klopfte Viktor auf die Schulter. – Und wir machen uns langsam auf den Weg.

– Tschüß, – murmelte der Fahrer und machte es sich bequem.

– Auf, Vitek. Da ist der Pfad.

Viktor ging ihm nach in die Dunkelheit.

Unter ihren Füßen raschelte das Gras, Äste knackten, feuchte Blätter glitten Viktor übers Gesicht.

Stepčenko zog seine Zigaretten heraus und steckte sich eine an.

– Hier hab ich im vorletzten Jahr einen Elch gesehen. Ich geh so mit einem Freund, da läuft er uns über den Weg. Ein Kerl, ich sage dir . . .

– Groß?

– Ganz schön. In letzter Zeit sind sie übrigens kleiner geworden irgendwie, aber das war ein ordentlicher Bulle.

– Bei Brjansk, als ich da war, habe ich auch einen gesehen. Allerdings ein Weibchen. Und Wildschweine haben wir gesehen. Wir wollten Enten jagen. Sind morgens los, da wühlt ein Eber in der Kolchosmiete. Im Spätherbst, die Kartoffeln waren gerade geerntet.

– Und er frißt sie also? Schau an!

– Er sah uns, drehte sich um, und dann, wie eine Dampflok – ab. Und geschnaubt hat er, wie ein Panzer.

– Tja, das sind kräftige Biester. Besonders im Herbst. Fett. Ich hab drei Stück erlegt . . .

Sie stiegen über einen umgestürzten Baum und kamen auf einen breiteren Weg.

– Ich noch keins, – sagte Viktor und starrte in die feuchte Dunkelheit des sich lichtenden Waldes. – Damals hatte ich wohl keine Patronen dabei. Und ich wollte auch nicht auf ihn schießen . . .

– Ja, bei ihnen muß man ziemlich vorsichtig sein. Wenn schon zuschlagen, dann gleich richtig. Ein Bekannter von mir hat mal versucht, mit grobem Schrot auf einen Keiler zu feuern. Hat ihn verletzt, und das Biest ihm nach. Zum Glück ist ein Kumpel eingesprungen, hat es mit einer Kugel erledigt. Sonst hätte es ihm die Därme rausgerissen.

– Ja . . .

Der Wald war zu Ende, am Wegrand tauchten einzelne Büsche auf. Ein schwacher Wind bewegte sie.

– Na also, – Stepčenko warf die Zigarette weg, – wir sind fast da.

– War wirklich nicht weit . . .

– Was hast du gedacht? Ich hab ja gesagt, zehn Minuten zu Fuß . . .

Der Weg führte übers Feld.

Vor ihnen tauchten die grauen Kästen der Häuser auf. Lichter flackerten, und Musik klang herüber.

– Hörst du, sie spielen sich warm.

– Ja.

– Von ihnen aus ist es gleich hinter der Siedlung, ganz bequem . . . Findest du allein zurück?

– Ja. Ist ja nicht weit . . .

– Na denn, – Stepčenko spuckte aus. – Geh schon mal, ich komme nach.

Viktor nickte und ging weiter.

Bald wurde das Licht heller, die Kette der Straßenlaternen tauchte auf, die Musik spielte lauter, die Häuser rückten näher und umgaben Viktor von allen Seiten.

Er folgte der Straße bis zum ersten Haus und umrundete es langsam. Die Musik schmetterte, die Stimme des Sängers klang hart, metallisch, deutlich waren die Becken zu hören. Viktor bog um die Ecke und fand sich gleich vor dem Tanzplatz: Der Schein zweier Scheinwerfer glitt über die hopsende Menge und traf sich auf den Musikern. Die Tanzfläche bestand aus gesprungenem Asphalt. Ein kaputter Zaun umgab sie. Anstelle einer Bühne lagen in der entfernten Ecke des Geländes zusammengeschobene Betonplatten, aus deren kaputten Stirnseiten verbogene Eisenstangen ragten.

Viktor kaufte sich an der Sperrholzbude eine Eintrittskarte, gab sie dem Kontrolleur und trat durch das weit geöffnete Tor. Die Musiker beendeten gerade ihr Spiel – der Schlagzeuger erging sich auf den Becken, die Gitarristen schwenkten zum Abschied die Gitarrenhälse. Die Menge verließ die Tanzfläche und belagerte lärmend die Buden. Neben Viktor sammelte sich eine Gruppe von Jugendlichen. Sie rauchten, unterhielten sich laut und knufften einander.

An der Bude erklang Stepčenkos Stimme. Viktor drehte sich um.

Semen Palyč kaufte sich eine Eintrittskarte.

– Mir auch ein Kärtchen, Fräulein ... Bloß? Das ist aber preiswert. Nein, ich war noch nie. Ja, ich bin von auswärts, zu Besuch. Ich möchte mir mal die Jugend anschauen. Danke.

Er trat durch das Tor, schlenderte gemächlich an den Buden entlang, lächelte und betrachtete die Sitzenden.

Zu den Jugendlichen gesellten sich immer neue, die Gruppe wuchs, und bald bahnte sich Viktor nur noch mit Mühe einen Weg. Von allen Seiten tauchten struppige Köpfe auf, ein junger Mann im knallbunten Hemd stieß ihn an und faßte ihn begütigend am Arm.

– Pardon, Alter.

Viktor ging am Zaun entlang. Auf den Bänken saßen Mädchen, die Jungs standen daneben. Überall lagen Kippen und zusammengeknüllte Zigarettenschachteln. An den Betonplatten mit der Anlage stand eine Gruppe von jungen Mädchen. Viktor ging hin und stellte sich daneben.

Die Musiker stiegen auf ihre Bühne und hängten sich die elektrischen Gitarren um. Einer von ihnen, ein stämmiger mit flachem, braungebranntem Gesicht, ging zum Mikrophon, zupfte die Saiten und sagte schnell:

– Eins, zwei, drei, eins, zwei, drei ...

Das Mikrophon pfiff.

Eins der jungen Mädchen machte eine laute Bemerkung, und die Freundinnen lachten im Chor.

Viktor sah sie an. Sie war schlank, vollbusig und blond. Die stark eingedrehten Haare fielen ihr schön über die Schultern. Sie trug ein grünes Kleid und weiße Lackschuhe. Sie sagte wieder etwas und wies mit dem Finger auf die Musiker, alle lachten.

Viktor sah sich um. Die jungen Männer neben ihm sahen das Mädchen an.

– Hej, Vasjka, spiel Diip Papl! – wurde den Musikern aus der Menge zugerufen.

Der stämmige Gitarrist nickte seinen Kumpanen zu, sie nahmen ihre Gitarren und sahen den Schlagzeuger an. Der Schlagzeuger strich sich die kreisrund geschnittenen Haare glatt, schlug einmal mit dem Stöckchen, schlug ein zweites Mal. Beim dritten Mal fingen sie an zu spielen – wirr und ohrenbetäubend.

Viktor bahnte sich vorsichtig den Weg zwischen den Mädchen hindurch und streckte, bei der Blonden angekommen, die Hand aus.

– Darf ich bitten?

Sie hatte ein breites Gesicht und grell geschminkte Lippen. Sie hob erstaunt die Brauen, lächelte und trat auf Viktor zu. Er nahm sie bei der Hand und führte sie in die Mitte der Tanzfläche.

Der Sänger beugte sich über das Mikrophon und mühte sich nach Kräften, gegen das Pfeifen der Lautsprecher anzuschreien.

Das Mädchen legte Viktor die Hände auf die Schultern, er faßte sie um die Taille.

– Eigentlich ist das ein schneller Tanz, – sagte sie.

– Schnell kann ich nicht.

– Wieso?

– Hat mir keiner beigebracht.

– Wieso?

– Hat mir eben keiner beigebracht, basta ... – Viktor warf

einen Blick in die Runde und begriff, daß die ganze Tanzfläche sie ansah. Neben ihnen tanzten einige Paare, in einiger Entfernung bildeten die Mädchen einen Kreis.

– Wie heißen Sie?

– Ljuba. Und Sie?

– Miša, – Viktor zog sie enger an sich und flüsterte, den Mund in ihre Haare gedrückt:

– Sie sind ein sehr hübsches Mädchen, Ljuba.

Sie wich zurück, wurde rot und warf ihm einen raschen Blick zu.

– Umarmen Sie alle so?

– Nein, nur in Ausnahmefällen.

– Sind Sie von auswärts? Aus Ščelkovo wahrscheinlich?

– Ja, aus Ščelkovo.

Er versuchte wieder, sie an sich zu drücken, doch Ljuba stemmte sich gegen seine Schultern.

– Was soll das? Machen Sie das immer so?

– Ich hab doch schon gesagt, Ljubaša, nicht immer. Du gefällst mir einfach.

– Ich gefalle vielen. Wenn Sie das noch einmal machen, dann tanze ich nicht mehr mit Ihnen.

– Na na, gleich beleidigt.

Viktor hielt einen Moment etwas Abstand, dann faßte er sie plötzlich um die Taille, hob sie in die Luft und küßte sie schmatzend auf die Stirn.

Das Mädchen schrie auf und versuchte sich loszumachen.

– Laß mich los, laß mich los, du Idiot!

Viktor ließ sie los. Sie drehte sich um und ging mit raschen Schritten zum Ausgang, die Locken bebten auf den hochgezogenen Schultern. Die Freundinnen liefen ihr nach.

Viktor schaute sich um.

Von allen Seiten waren die Gesichter auf ihn gerichtet:

breite, schmale, kleine, große, hübsche und häßliche. Alle starrten ihn an, die tuschelnden geschminkten Mädchen, die leicht angetrunkenen jungen Männer in ihren ausgebeulten Jacketts, die Musiker, Stepčenko.

– Na, jetzt ist sie endgültig beleidigt, – Viktor lachte und ging ohne Hast an den Buden entlang.

– Sind bei euch alle so schnell beleidigt? – fragte er ein Mädchen und nahm es am Ellenbogen.

Sie prustete und stürzte in die Menge ihrer Freundinnen.

– Na! Die eine gleich beleidigt, die andere kichert bloß! Und wie ist es mit Ihnen? – Viktor legte seinen Arm um die Schulter eines dritten Mädchens. – Was sind Sie für eine?

Das Mädchen stieß ihn weg.

– Teufel, besoffener.

Viktor ließ beleidigt dic Arme sinken.

– Was heißt hier besoffen? Wie? Bin ich etwa besoffen? Denken Sie auch, daß ich besoffen bin? – er nahm ein anderes Mädchen am Arm. Sie riß sich los, und der neben ihr stehende Junge ging auf Viktor zu:

– Nimm die Pfoten weg! Bist du noch ganz dicht?

– Also nein, – Viktor seufzte, – Spaß darf man auch keinen mehr machen.

– Ich mach dir gleich einen Spaß! Mach, daß du wegkommst! – der Junge gab Viktor einen Schubs.

Neben ihm tauchten zwei weitere Jugendliche auf. Der eine, hochgewachsen, mit unschönem, pockennarbigen Gesicht, sagte dumpf:

– Da kommen die Hergelaufenen unsere Mädchen betatschen.

Viktor seufzte noch einmal und winkte ab:

– Ach, ihr. Ihr versteht keinen Spaß.

– Was hab ich dir gesagt, mach, daß du wegkommst! – der Junge ließ nicht locker. Er war rothaarig und trug einen dunkelblauen Anzug.

– Stör ich dich vielleicht, wie? Was brüllst du hier rum, du Blödian?

Der Rote schob ungläubig das Kinn vor.

– Hää?

Der Pockennarbige schubste den Roten.

– Hau ihm eine rein, Paš. Was spielt der sich hier auf?

Um sie herum versammelte sich eine Gruppe von jungen Kerlen. Ihre verschwitzten, braungebrannten Gesichter zuckten erwartungsvoll.

– Scheuer ihm eine, Paš. Er hat Ljubka Boldina angemacht.

– Paß bloß auf, du hergelaufener Wichser, du ...

– Was guckst du, Pašk! Hau ihm vors Hirn, mach den Clown!

– Was stehst du rum, du Wichser? Streng deine Muskeln an!

– Jungs, prügelt euch nicht, – ertönte eine weibliche Stimme hinter ihnen. – Was stürzt ihr euch alle auf einen? Er hat bloß Spaß gemacht.

– Ich mach gleich mit ihm Spaß, – der Rote leckte sich über die Lippen.

Viktor lachte. Die Runde wurde lauter:

– Mach ihn fertig!

– Mann, der Arsch, grinst auch noch blöd!

– Schlag zu, was stehst du rum?

Paška stürzte sich auf Viktor. Viktor wich ihm aus und trat ihm plötzlich gewandt und kraftvoll den Fuß ins Gesicht. Der Rothaarige flog kopfüber hin. Der Pockennarbige holte weit aus, doch der Gegenschlag in seine Leber klappte ihn zusammen. Jemand packte Viktor von hinten an den Haaren, doch sein Kopf machte eine sonderbare Kreisbewegung, die Hand des Angreifers rutschte auf die Schulter, und auf ein Knirschen gellte ein schrecklicher Schrei über die Tanzfläche.

Die Menge wich zurück, um sich im nächsten Moment auf Viktor zu stürzen. Eine Sekunde bedeckte ihn ein Wirrwarr von graubraunen Rücken, doch er entschlüpfte im Nu und schwang sich auf ihnen hoch. Seine Hände sausten los, dann hörte man die Schreie der Verstümmelten. Er warf sich zur Seite, bahnte sich den Weg durch die Körper und Gesichter und setzte über den Zaun.

Die Meute warf sich mit Gebrüll ihm nach. Der Zaun krachte, die Mädchen kreischten, Fäuste mit losgerissenen Zaunlatten blitzten auf, Gestürzte und Zurückbleibende fluchten.

Viktor umrundete das Haus und rannte die Straße entlang.

Die Meute jagte ihm hinterher.

Er warf sich nach links, durchs Gebüsch, sprang über einen Schotterhaufen und versteckte sich im Hof. Seine Verfolger brachen mit Krachen durch die Büsche.

– Da, Saška, da ist er!

– Fang ihn, den Arsch!

– Drauf!

– Hinter den Schuppen ist er, Jungs!

Viktor rannte an den Schuppen vorbei, übersprang eine Batterie von Abfallcontainern und versteckte sich dahinter.

Die Menge verstreute sich über den Hof.

– Hier ist er, hier ist er, das Aas!

– Schau mal im Durchgang, Sega!

– Dreckiger Stadtköter, Mißgeburt, elende!

– Hinter den Garagen bestimmt! Auf! Hin!

Der größte Teil stürzte zu den Garagen.

Einen Moment darauf sprang Viktor hinter den Containern hervor. Vier stürzten sich auf ihn. Er begrüßte sie mit einem Hagel von Schlägen. Zwei fielen hin, einer zog die Nase ein und rannte weg, doch der vierte entwich zu den

Containern und brüllte, chaotisch mit der Latte fuchtelnd:
– Hierher, Leute, hierher!

Viktor wich dem Stock aus, erwischte das Bürschchen am Arm und kugelte ihn aus – die Latte flog davon, der Junge heulte auf. Viktor griff ihn, kippte ihn zu sich und schlug ihn mit aller Kraft mit dem Kopf an die Containerecke. Der Junge wurde schlaff und sank lautlos zusammen, der Container kippte um und verstreute Müll, eine Ratte sprang heraus.

– Da ist sie, die Sau, schlag zu, – schon sauste die Meute hinter den Garagen hervor und füllte den Hof. Viktor stürzte sich hinter den Schuppen, durch die Holunderbüsche, sprang auf etwas Blechernes, laut Schepperndes, schwang sich über einen kleinen Zaun und fand sich im Nachbarhof. Hier standen, gesäumt von jungen Kiefern, einstöckige Häuschen, in ihrer Mitte prangte ein Spielplatzpilz mit verrutschter Kappe. Viktor rannte zum Pilz und stellte sich hinter seinen Fuß.

Die Verfolger drängten sich durch den Zaun und tauchten zwischen den Kiefern auf.

– Er ist zum Tor gerannt, ich habs gesehen!
– Hinter dem Haus ist er, gar nichts hast du gesehen!
– Hierher, zum Klosett, da ist er!
– Gibs ihm, dem Sack, schnapp ihn dir!
– An den Büschen, schau mal da!

Die Menge verteilte sich, um Viktor zu suchen. Die meisten der Jungen durchkämmten kriechend die Büsche, andere rannten zu den Toiletten, die dritten durchs Tor hinaus.

Ein paar tauchten am Pilzfuß auf.

Viktor ließ sie vorbei, sprang vor und war mit zwei Sätzen bei ihnen: Der letzte der Jungen schrie auf, hielt sich den Kopf, ein zweiter segelte in Richtung Pilz, die übrigen machten sich, schreiend und nach den Kameraden rufend, davon. Viktor holte sie mit Leichtigkeit ein, doch an den Büschen stürzten sich drei weitere auf ihn. Den ersten schlug er in die Flucht, doch der zweite traf ihn kräftig mit dem Stock im Rücken.

Er stürzte zum Tor, stieß zwei um, entriß dem dritten den Zaunpfahl und zersplitterte ihn auf einem der Angreifer. Von hinten schlug ihm mit Wucht eine Faust auf den Kopf. Viktor sprang zur Seite, drehte sich, sein Fuß sauste am Kopf des Jungen vorbei. Der ging verschreckt in die Hocke.

Viktor rannte durchs Tor, sprang über einen Graben und flitzte die Straße entlang.

Ein geschrumpftes Verfolgergrüppchen rannte ihm hinterher. Einer setzte sich von den anderen ab und kam näher. Am schwach erleuchteten Schaufenster eines Lebensmittelladens hatte er Viktor erreicht.

– Alte Sau du, Arschloch!

Viktor warf sich jäh zu Boden, der Junge flog über ihn weg und stand nicht mehr auf – die hellblauen Turnschuhe spurteten kurz durch sein breites Gesicht.

Die anderen wollten Viktor am Schaufenster einkreisen – einen stieß er weg, dem zweiten versetzte er einen Schlag, dem dritten, einem langen und dünnen, drehte er rasch den Arm um, schob ein paar Pfähleschwinger weg und warf ihn in die Scheibe.

Splitter klirrten und spritzten über den Asphalt, der Verstümmelte brüllte wie am Spieß.

Viktor rannte um die Ecke, ließ drei Hauseingänge aus, in den vierten tauchte er ein. Drinnen war es warm und roch nach Kotze.

Schwer atmend stellte er sich hinter die zweite Tür und lehnte sich an den kühlen Heizkörper.

Die Verfolger klappten mit den Eingangstüren.

– Hier ist er!

– Ich krieg dich, du Aas, ich bring dich um, Drecksköter!
– Im ersten Stock, da hat eine Tür geklappt!
– Nicht rauslassen! Aus dem Aufgang entkommt er uns nicht!

Drei rannten in den vierten Aufgang. Viktor drückte sich an den Heizkörper, doch die Jungen bemerkten seine helle Weste.
– Da ist er!

Viktor duckte sich, der Zaunpfahl zerbarst krachend am Heizkörper.

Er warf sich wild zwischen ihnen hindurch, stieß mit der Stirn an einen Kopf, streifte mit der Schulter die Tür und rannte ins Freie.

Einer der Jungen erwischte ihn am Arm, doch Viktor riß sich los.

Ein nachgeschleuderter Pfahl traf ihn empfindlich an den Beinen. Fluchend packte er ihn und stürzte sich auf seine Verfolger.

Sie rannten auseinander.

An der Hausecke erreichte Viktor einen von ihnen und schmetterte ihm den Pfahl auf den Kopf. Der Pfahl splitterte. Stöhnend kippte der Junge um. Vier andere schmissen ihre Pfähle weg und sausten über die Straße. Viktor setzte ihnen nach und war rasch bei ihnen – genau am Graben. Zwei vertrieb er, den dritten stieß er in den Graben. Der letzte stürzte durch die Büsche. Viktor erreichte ihn am Zaun, schlug ihm die Beine weg, hob ihn hoch und schmetterte ihn mit dem Gesicht in die Staketen. Der Junge heulte auf, entwand sich unerwartet Viktors Griff und rannte am Zaun entlang. Viktor stürzte ihm nach. Der Junge heulte und winselte, die abgetrennte Backe baumelte an seinem Kiefer. Mit knapper Not holte ihn Viktor ein und verpaßte ihm einen Tritt an den Kopf. Der Junge fiel um, seine Beine zuckten.

Viktor stand auf der Chaussee.

Ringsum war es leer – stumm standen die Häuser, und irgendwo hinter ihnen, auf der Tanzfläche, stimmten die Musiker die Elektrogitarren.

Viktor sah sich um, klopfte sich die schmutzigen Knie ab und ging über den trüb beleuchteten Asphalt. Nach drei Häusern bog er ab, überquerte einen kleinen unbebauten Platz mit ein paar kümmerlichen Bäumen und stand wieder vor der Tanzfläche.

Wie zuvor spielte die Musik, wie zuvor hopste die bunte Menge unter den gekreuzten Strahlen der Scheinwerfer.

Viktor trat näher heran.

Der Zaun war an einer Stelle umgestürzt und beschädigt, in der Bresche drängten sich die Besucher. Viktor ging am Zaun entlang bis zur Kartenbude. Unmittelbar neben ihm stand ein kleines Häufchen Jungen. Als sie ihn bemerkten, stürmten sie in unterschiedliche Richtungen davon. Zwei rannten über den unbebauten Platz.

Viktor stürzte ihnen nach. Den einen holte er noch auf dem Grundstück ein und schlug ihm die Handkante in den Hals, der zweite erwies sich als flinker, er wich ihm aus, rannte über die Straße und sauste den Weg entlang.

Viktor folgte ihm.

Der Weg führte aufs Feld.

Bald war er von Büschen umgeben. Der Junge rannte noch ein Stück, blieb dann stehen, riß sich den Gürtel herunter und wickelte sich ein Ende um die Hand.

– Na was, du Arsch ... versuchs ... versuchs doch, du Arsch ...

Viktor blieb stehen, ging dann langsam auf ihn zu. Beide atmeten schwer.

– Versuchs, du Arschloch, – der Junge sah ihn verschreckt an. – Komm ... Du glaubst, du bist stark? ... Wir vertrimmen dich ... wir verwichsen dich ... wir rufen die Moniner . . . halb Ščelkovo ist mit mir verwandt . . . ich brauchs bloß den richtigen Leuten sagen, dann gibts Prügel . . .

Viktor machte einen Schritt, der Junge holte mit dem Gürtel aus. Viktor tauchte unter der pfeifenden Gürtelschnalle weg und schlug ihm ins Sonnengeflecht. Der Junge krümmte sich, sank langsam in die Knie. Er übergab sich. Viktor nahm ihm den Riemen aus der geöffneten Hand und holte aus. Die Schnalle pfiff über dem Kopf des Jungen, der hob ruckhaft die Hände.

– Was, Katerchen, Angst? – Viktor tippte ihm mit der Schnalle auf den Rücken. Der Junge hob das blasse Gesicht. Viktor ließ sich Zeit, dann trat er ihm mit dem Fuß in den Bauch. Der Junge röchelte. Viktor beugte sich hinunter und versetzte ihm einen schrecklichen Schlag in den Halsansatz. Lautlos kippte der Junge auf den Weg.

Viktor packte ihn an den Armen, schwenkte ihn und schleuderte ihn ins Gebüsch.

– Das wars . . .

Als er wieder zu Atem gekommen war, hob er den breiten Soldatengürtel mit der gelben Blechplatte auf und ging, auf die feuchten Zweige einschlagend, weiter den Weg entlang.

Vorne, hinter den Büschen, war das Feld zu sehen.

Viktor blieb stehen und rieb sich den Hinterkopf.

– Eine Beule haben sie mir verpaßt, die Dummköpfe . . .

Dann schlug er sich seitlich ins Feld, um seine Beine raschelte der taufeuchte Hafer, er lief ohne Eile.

Seine Hosen wurden rasch feucht, die Schnalle des in seiner Hand baumelnden Gürtels glänzte ab und zu in der Dunkelheit auf.

Das Feld ging sanft bergab, und bald stand Viktor in einer langen und breiten Schlucht. Hier war es naß und vollkommen dunkel. Ganz in der Nähe murmelte ein Bach.

Viktor teilte das hohe Gras, fand den Bach, schöpfte mit

der Hand von dem dunklen Wasser und spülte sich das Gesicht.

Der Bach war schmal, halb vertrocknet. Das Wasser roch faulig.

Viktor übersprang ihn, kletterte aus der Schlucht hinaus und lief wieder über ein Feld, diesmal ein unbebautes.

Vor seinen Füßen flatterte ein Wachtelweibchen auf, piepste und flog weg.

Viktor schwenkte ihm den Gürtel hinterher.

Ein Weg durchschnitt das Feld.

Er sah sich um.

– Na also. Scheint unserer zu sein ... m-hm ...

Viktor schlug ihn ein.

Der Weg führte durch die bekannten Büsche.

Bald war das Feld zu Ende, und Viktor war im Wald. Rund um ihn wurde es schwarz, feucht und kühl. Es war windstill, die Bäume standen wie Kulissen, unbewegt.

Durch die dunklen Lücken zwischen den Zweigen leuchteten Sterne.

Viktor fand seinen Pfad, stieg über den umgestürzten Baum.

Irgendwo oben löste sich ein Vogel vom Zweig, schlug träge mit den schweren Flügeln. Licht schimmerte durchs Laub.

Viktor folgte dem Pfad, sprang über eine Pfütze, teilte das Nußgesträuch: Mitten auf der Waldwiese stand der »Volga«, im Innern brannte Licht, und Stepčenko sprach lachend mit dem Fahrer.

Viktor trat von hinten heran, klopfte aufs Dach:

– Laßt ihr mich rein?

– Aaa! Der Held des Abends! Ilja Muromec! – Stepčenko stieg aus, umarmte Viktor. – Na, Bruder, da bin ich platt! Der einzige Krieger im Feld! Das habe ich nicht erwartet!

Hast du den Weg gefunden? Alles in Ordnung? Bist du heil? Haben sie dich nicht verletzt?

– Nein nein, wie es aussieht . . .

– Bist du durch den Wald zurückgekommen? Übers Feld? Oder über Bobrinskoe?

– Auf dem Weg.

– Na, hervorragend! Hervorragend! Und was ist das, ein Gürtel? Eine Trophäe? Uch, ist der schwer, meine Fresse . . . damit ist schnell ein Kopf eingeschlagen . . . Ich hab gesehen, wie du angefangen hast, wie du diese Kuh hochgenommen hast. Und wie dieser Haufen sich auf dich gestürzt hat! Ich bin sogar erschrocken, bin hingerannt, ich dachte, diese Verbrecher stampfen mir den Vitjka in den Boden. Aber von wegen! Springt der Kerl über den Zaun! Und diese Idioten, – er sah ins Innere des Wagens, – ihm nach! Ihm nach! Hervorragend!

Stepčenko zog ihn ins Auto.

– Komm, steig hier ein.

Viktor setzte sich neben ihn. Stepčenko musterte ihn lächelnd:

– Naja, sauber, ein ganzer Kerl! Die erste Landpartie, und ganze Arbeit geleistet . . . Warte mal, warte mal, was ist das . . .

Er drehte Viktors Kopf zum Licht. Auf der linken Schläfe leuchtete eine rote Schramme.

– Naja, das ist wahrscheinlich von den Büschen . . .

– Und das Hemd ist zerrissen, hier, schau . . . – Stepčenko berührte den zerrissenen Ärmel und pfiff, als er Viktors Rücken sah. – Nicht schlecht, alle Achtung, ein ganz schöner Streifen. Womit haben sie dir das? Mit dem Zaunpfahl etwa?

– Ja, wahrscheinlich . . . aber das sind Kleinigkeiten . . .

Der Fahrer wollte auch etwas sehen und hängte sich über den Sitz.

Stepčenko lachte:

– Na gut, das zählt nicht. Ich bin ja, nachdem sie hinter dir herstürzten, wieder gegangen, hab nichts gesehen. Aber sag mal ehrlich, wie viele hast du geschafft? Zehn? Zwölf?

Viktor lächelte müde.

– Ich hab sie nicht gezählt . . .

– Ha-ha-ha! – Stepčenko lachte schallend, zwinkerte dem Fahrer zu, – ich hab ja gesagt, das reinste Stehaufmännchen! Na, ein ganzer Kerl! Manche gehen verschütt bei ihrer ersten Partie . . .

– Warum?

– In der Halle gewöhnt man sich an seine Leute, die Fressen sind dir vertraut – die Trainer, die Partner. Die können noch so über dich herfallen und ausholen, du weißt ja doch, es sind deine Leute, sie tun dir keinen Furz. Das hier ist etwas anderes . . . Hier – hast du ausgeholt, dann schlage zu! Kennst du das Sprichwort?

– Kenn ich.

– Na also. Spitzbub bleibt Spitzbub. Ehrlich gesagt – das sind alles Schwächlinge. Ab und zu gibt es natürlich auch Kräftige, frisch aus der Armee, oder wenn sie gesessen haben. Aber so im großen ganzen – Grünzeug, Kinder. Ihre Väter – von der Zeche zum Zechen, vom Zechen in die Zeche, tags rackern sie sich in der Fabrik ab, abends trinken sie und spielen Domino, und die Kinderchen – was sollen die tun? Die Schule sitzen sie ab, den Tag verbummeln sie, abends glotzen sie Fußball, machen zu siebt eine Flasche Roten alle – und zum Tanzen. Und was da läuft, ist klar. Glaubst du, die kommen zum Tanzen? Von wegen! Diese Mickerlinge, wo auch die Eltern Alkoholiker sind, die können noch nicht mal mit nem Mädchen reden, geschweige denn tanzen. Dafür haben sie Blei unter die Gürtelschnalle gegossen, das vergessen sie nie. Zum Tanzen kommen sie im ganzen Trupp und sehen, wen sie vertrimmen können.

Wenn sie einen Fremden finden, einen, der nicht zu ihnen gehört, oder einen Selbständigeren – werden sie frech, und ab durch die Häuser: Eindrücke für die ganze Woche – satt! – Stepčenko fuhr mit der Handkante über die Kehle. – Dann hecheln sie hundertmal durch, wie ich den, wie wir ihn ... Und sonst stürzt sich ein Trupp auf den anderen. Aber das ist seltener ... Aber Vitek, drei Regeln solltest du dir ein für allemal merken: Fest zuschlagen, kurz ausholen, nie auf der Stelle stehen. Und das Wichtigste, ich habs dir zigmal in der Halle gesagt und wiederhol es hier, vergiß dein Boxen ein für allemal.

– Ich versuchs ja, Semen Palyč, aber das ist schwer. Acht ganze Jahre ...

– Krotov Vasja hat elf Jahre geboxt und nichts ... Als hätte ers nie gemacht, schau ihn dir an. Aber du – kaum ist was, machst du einen Buckel. Wer braucht deinen Buckel? Denk an die Schlagkraft. Und schau genauer hin. Schätz ab – was wozu. Wem den ersten verpassen, wem den zweiten. Denke, plane, berechne.

Der Fahrer lächelte:

– Na, und wie viele waren es?

– Vierzig ungefähr, – Stepčenko rollte den Gürtel auf. – Laß an, Petj, fahren wir ... Oder warte, ich muß noch was ablassen ...

Er stieg aus.

– Ich auch, – Viktor folgte ihm.

Der Fahrer drehte sich und stieg auch aus.

Eine Minute später rauschten drei Strahlen ins Gras.

Dampf stieg vom Gras auf.

Stepčenko schaute in die unbewegten Bäume, erschauerte, schüttelte sich und sprach:

– Leis fällt das Eschenlaub herunter. Nicht übel, sagte ich mir munter.

Der Fahrer fügte leise hinzu:

– Schaust in den Himmel, und fürwahr ...
Viktor knöpfte sich die Hosen zu, lächelte und flüsterte:
– Geile Sache, wunderbar.

DER ERSTE SUBBOTNIK

– So, Leute, – Salamatin trat zu seiner Brigade, die sich auf den Steinfliesen niedergelassen hatte. – Wir harken Blätter.

Die Arbeiter rappelten sich auf:

– Das ist was für mich . . .

– Nicht schlecht, Egoryč.

– Hast die Zinka wohl verwöhnt, daß sie uns was Leichtes gibt . . .?

– Und wo harken wir?

Salamatin zog eine Packung »Belomor«-Papirossy aus seinen weiten Hosen:

– Vom Pförtnerhäuschen aus hoch.

– Ganz schön weit. Bestimmt einen halben Kilometer.

– Was denkst denn du . . . Auf, Leute, die Harken sind in Zimmer 9. Harken und Handschuhe. Es reicht, wenn einer geht, was sollen wir uns alle hinbemühen.

– Wir gehen zu zweit, – Tkačenko klopfte Zigunov auf die wattierte Schulter. – Was, Sereg?

– Ja klar . . . gib mir mal eine zum Rauchen, Egoryč, – Zigunov streckte die Hand nach den Papirossy aus.

Salamatin klopfte ihm eine aus der Schachtel, steckte sich seine zwischen die Lippen und kniff das Mundstück zusammen:

– Also ihr geht. Bloß verzählt euch nicht. Vierzehn Harken. Und Handschuhe vierzehn Paar. Ach, da hinten kommt unser Neuer . . . Fünfzehn Harken und fünfzehnmal Handschuhe.

Miška stieg über einen Stapel Rohre und kam über die Steinfliesen gerannt.

– Wieso kommst du zu spät? – Salamatin lächelte und riß ein Streichholz an. – Auf, Leute, auf . . .

Miška stoppte ab und schnaufte laut aus:

– Puuh . . . bin ich außer Atem . . . Guten Morgen . . . Vadim Egoryč . . .

– Guten Morgen. Was ist, hat dich dein Wecker im Stich gelassen?

– Nein nein, ich habe den Zug verpaßt . . . puuh . . . bin ich viel zu spät?

– Ach was. Alles in Ordnung.

– Guten Morgen! – Miša drehte sich zu den Arbeitern um.

– Morgen.

– Guten Morgen.

– Wieso kommst du so spät?

– Etwa gestern zu viel studiert, fürs Fernstudium?

– Egoryč, wir gehen schon mal, was sollen wir hier rumstehen . . .

– Geht nur. Ich komme gleich nach . . . – Salamatin winkte mit der Hand. – Mach deine Jacke zu, ist ja trotz allem kein Sommer.

Miša schnaufte immer noch und zog seinen Reißverschluß zu.

Salamatin schob den Ärmel seiner wattierten Jacke hoch und sah auf die Uhr:

– Viertel neun. Daß es immer so spät werden muß . . .

– Was machen wir denn?

– Laub harken. Auf den Grünflächen am Pförtnerhäuschen.

– Immerhin . . . An der frischen Luft . . .

– Jaja . . . Und jetzt . . . Prochorov ist nicht da . . . na gut. Länger warten wir nicht. Gehen wir, Miš.

Sie machten sich auf den Weg zum Pförtnerhäuschen, der Brigade hinterher.

Salamatin gähnte und stieß Rauch aus:

– Was hast du dich so fein gemacht? Wie zur Parade geradezu!

Miška zuckte die Schultern:

– Ach . . . Nichts Besonderes.

– Willst du dir die Jacke schmutzig machen? Ist eine gute Jacke.

– Eine ganz gewöhnliche.

Der Brigadier lachte und entblößte seine großen nikotingelben Zähne:

– Ja . . . das ist sie – die neue Generation. Ich würde so eine Jacke für die freien Tage schonen . . .

Sie waren am Pförtnerhäuschen.

Der Wächter in seiner schwarzen Uniform sperrte das Tor ab.

– Semenyč, laß uns raus! – rief Salamatin fröhlich.

– Geht durchs Drehtor. Ich hab genug vom hinter euch Abschließen. Gerade sind eure durch.

– Egoryč! – klang es von hinten. – Hilf uns!

Miška und der Brigadier drehten sich um.

Tkačenko und Zigunov kamen mit Harken und Handschuhen.

– Na, habt ihr euch einen Bruch gehoben? – der Brigadier trat zu ihnen.

Miška ging zu Zigunov, der streckte ihm einen Stapel Handschuhe hin.

Salamatin wollte nach den Harken greifen, die fächerartig auf Tkačenkos Schulter lagen, doch der drehte sich weg:

– War nur Spaß, Egoryč. Was wiegt das schon.

– Sind alle in Ordnung? Keine kaputten dabei?

– Nein, nein . . .

– Dann geh schon mal.

Der Brigadier ließ Tkačenko vor.

Einer nach dem anderen gingen sie durch das quietschende Drehtor.

Auf der Straße wartete die Brigade.

– Seht ihr, Sašok hat die neuesten rausgesucht . . .

– Der hat Familie, der weiß, woraufs ankommt.

Tkačenko ließ die Harken von der Schulter rutschen:

– Nehmt euch . . .

Miška verteilte die Handschuhe.

Tvorogov schlug seinen Stiel auf den Asphalt:

– In Ordnung . . . Mit denen kann man Neuland pflügen . . .

– Wo sollen wir anfangen, Egoryč?

Salamatin sah sich um und zeigte auf die linke Rasenfläche:

– Das ist unsere.

– Und die rechte?

– Die fegen die Leute von der Pumpstation.

– Aha . . .

Der laubübersäte Rasen zog sich an der Fabrikmauer entlang, und mit ihm eine unordentliche Reihe niedriger Pappeln.

Deren lange, fast blattlose Zweige bewegten sich leicht. Als die Harken verteilt und die Handschuhe angezogen waren, gingen die Arbeiter zum Rasen. Salamatin zerriß den Faden, der sein neues Paar Handschuhe verband, Miška klopfte mit dem Stiel der Harke auf den Asphalt, damit sie fester saß.

– Der Nagel fehlt . . .

– Was? Welcher? – der Brigadier drehte sich um.

– Na hier . . . wo die Harke befestigt ist . . .

– Ach, das macht nichts . . . zeig mal her, – der Brigadier nahm die Harke und befühlte sie. – Die sitzt. Die hält auch ohne Nagel. Hark etwas vorsichtiger, dann bleibt sie dran . . . komm . . .

Sie gingen der Brigade nach.

Miška lächelte und schulterte die Harke.

– Tja ... der erste Subbotnik ...

– Wie, der erste?

– Naja, wirklich. Mein erster Subbotnik.

– Im Ernst? – Salamatin sah ihn verwundert an.

– M-hm. Naja, nicht der allererste natürlich ... in der Schule hatten wir auch Subbotniks ...

– Naa, das ist doch was anderes. In der Schule warst du Schüler, hier bist du – Proletarier. Also ist es wirklich dein erster! Sagenhaft!

Salamatin lachte und rief den Arbeitern vor ihnen zu:

– Hört mal, Leute! Miška hat heute seinen ersten Subbotnik! Na?

– Herzlichen Glückwunsch.

– Da ist eine Flasche fällig, Miša!

– Klar ...

– Dann mußt du heute ranklotzen wie ein Stoßarbeiter, für die ganze Mannschaft.

– Verrückt ... da hat einer seinen ersten Subbotnik. Ich hab schon vergessen, wann das bei mir war ...

Salamatin legte Miša den Arm um die Schulter:

– Ja ... Eigentlich ist das ein Ereignis. Sie hätten dir irgendwie vom Gewerkschaftskomitee aus gratulieren müssen ...

– Ach, Vadim Egoryč ...

– Sicher doch. Warum hast du es nicht vorher gesagt? So und so ... mein erster Subbotnik ... Hej, Leute! – rief er den Arbeitern zu. – Fangt von hier an! Einfach aufhäufen am Rand, dann ist Ordnung ...

Die Arbeiter verteilten sich über den Rasen und fingen an zu harken.

Salamatin blinzelte in die untergehende Sonne und schob den unter der Jacke hervorgerutschten Schal zurecht.

– Ich erinnere mich schon an meinen ersten Subbotnik . . .
– Wirklich?
– Ja. Der Krieg hatte gerade begonnen. Es war einundvierzig. Juli. Im April hatte ich in der Fabrik angefangen. Ich war auch so einer, wie du. Nur jünger. Und hab natürlich kein Fernstudium gemacht. Mir war nicht nach Lernen. Und dann beschlossen wir, einen Subbotnik zu veranstalten. Für den Fonds der Fronthilfe. Wir gingen mit der ganzen Fabrik nach der Schicht los. Und die Schicht, das waren damals zwölf Stunden! Nicht so wie heute. Und wir haben ganz anders gearbeitet. Mit Bewußtsein. Alle hatten begriffen. Selbstlos haben wir gearbeitet, ja . . . und wie wir gearbeitet haben . . . wenn man das mit den heutigen Jammergestalten vergleicht . . .

Er seufzte und schlenderte zur Brigade.

Miška lief ihm hinterher.

Der Brigadier blieb neben Zigunov stehen, bückte sich und hob eine rostige Dose auf.

– Hier. Solche Schweinereien machen wir. Ausgetrunken, aufgegessen, hingeschmissen. So leben wir . . . und dann wundern wir uns, daß man nirgends mehr hingehen kann, sich erholen. Die ganze Natur ist voller Müll . . .

Er warf die Dose auf den Laubhaufen.

Miška begann vom Rasenrand her zu harken.

Die Brigade arbeitete schweigend.

Plötzlich streckte sich Zigunov, lächelte, schüttelte den Kopf:

– Oj . . . Moment . . . Sekunde . . .

Er streckte den blaubehosten Hintern raus und ließ geräuschvoll Gase entweichen. Sotskov richtete sich auf, schaute ihn erstaunt an und tat dasselbe, nur schwächer und kürzer.

Tkačenko zielte mit seinem dünnen Finger auf Sotskov:

– Artillerie . . . Feuer . . .!

Und pupste lakonisch.

Salazkin und Mamontov stützten sich auf ihre Harken und ließen ihre Gase fast gleichzeitig fahren.

Tvorogov bückte sich tiefer, sein Gesicht war angespannt:

– Hopp-la . . . Hopp-la . . . Hopp-la . . .

Er ließ drei schwache Fürze fahren.

Sochnenko, in Gummistiefeln, hob einen Fuß:

– Na dann . . . auf alle Vaterlandsverräter . . .

Doch er furzte nur schwach.

Salamatin schüttelte erstaunt den Kopf:

– Leck mich . . . gar nicht übel . . . was soll das? Alle auf einmal? Und wem zu Ehren?

Zigunov zuckte die Schultern.

– Wie, wem zu Ehren? Zu Ehren des ersten Subbotniks unseres Genossen wurde ein Artilleriesalut aus Waffen mittleren Kalibers ausgebracht. Jetzt bist du dran, Egoryč . . .

Grinsend sahen ihn die Arbeiter an.

– Na los, Veteran, wie ein Stoßarbeiter . . .

– Und du, Miša, du mußt auch.

– Komm, was stehst du rum! Trenn dich nicht vom Kollektiv!

– Deine Brigadiersehre mußt du hochhalten, Ordensträger . . .

– Auf, auf, Egoryč, alle messen sich doch an dir . . .

Salamatin kratzte sich an der Schläfe und schwieg verwirrt.

– Tja, wenn das so ist . . .

Er bückte sich leicht und knatterte los.

Auch Miška konzentrierte sich, er schaute auf seine Füße und pupste als erster, aber schwach, kaum hörbar.

– Na, Michail, ein bißchen mickrig . . .

– Macht nichts, er hat heute Jubiläum . . . da ist das verzeihlich . . .

Alle schauten auf den erstarrten Brigadier und verstummten. Die Strahlen der untergehenden Sonne tauchten sein breites gebräuntes Gesicht in Bronze. Er blickte in die Ferne, seine Hände umklammerten die Knie. Seine vollen Lippen waren zusammengepreßt, an den Jochbeinen schwollen die Adern unter der bronzefarbenen Haut, die grauen Augenbrauen zogen sich zusammen.

Er hielt den Kopf gesenkt und stöhnte kaum hörbar.

Mit angehaltenem Atem sah ihn die Brigade an.

Es ertönte ein lauter Knall und ein saftiges Knattern.

Schweigend applaudierten die Arbeiter.

Salamatin zog die Mütze und verbeugte sich.

DIE GEOLOGEN

Im rußgeschwärzten, altgedienten Öfchen knisterten hell die Scheite, aus der angelehnten Gußeisenklappe loderte eine Flamme und warf bernsteinfarbenen Glanz auf die Gesichter der Geologen.

Solovjev zog ein letztes Mal an seiner Papirossa und schnippte sie in den orangen Spalt.

Alekseev, der neben ihm auf einem niedrigen Zedernholzschemel saß, spielte mit einem breiten Jagdmesser, stieß es ein ums andere Mal in einen knorrigen Holzklotz.

Solovjev seufzte und stand auf, sein struppiger Kopf berührte beinah die verräucherte Decke des Winterlagers.

– So gehts nicht, Leute. Das muß heute entschieden werden.

Avdeenko nickte stumm, Alekseev zuckte unbestimmt die Schultern und spielte weiter mit dem Messer, und Ivan Timofeevič, der am reifbedeckten Fensterchen saß, schmauchte ungerührt und bedächtig seine gelbe Elfenbeinpfeife.

– Saša, warum sagst du denn nichts? – wandte sich Solovjev an Alekseev.

– Ich habe bereits alles gesagt, – antwortete Alekseev leise und deutlich. Sein großflächiges, bärtiges Gesicht, über das orange Feuerblitze zuckten, wirkte gereizt und beleidigt.

– Aber dein Vorschlag ist jedenfalls absurd, – sagte Solovjev kopfschüttelnd. – Die Freunde in der lawinengefährlichen Zone im Stich lassen und uns selbst aus dem Staub machen?!

Das breite Messer wurde kraftvoll in den Klotz gestoßen.

– Und du meinst, wir sollen uns ein Jahr schwere Arbeit ans Bein schmieren?

– Aber Menschen sind doch wichtiger als Gesteinsproben, Saša! – Solovjev schlug linkisch die Hände zusammen.

– Natürlich, – fiel Avdeenko ein und schaute Alekseev an.

Der schlug gereizt den Messergriff an den Klotz:

– Ihr benehmt euch wie die kleinen Kinder! Die sind längst in Ust-Severnyj, eure Sidorov und Korševskij! Längst! Dafür lege ich die Hand ins Feuer – sie sitzen dort und schlürfen ihren Tee! Und keine einzige Lawine bedroht sie!

– Aber die Ratio, Saša, die Ratio sagt uns doch etwas anderes! – unterbrach ihn Solovjev, – was für einen Tee, wenn die Leute gar nicht in Ust-Severnyj angekommen sind?

– Wenn nicht, dann sind sie es in zwei Tagen, – unterbrach ihn Alekseev bestimmt.

– Und wenn sie gar nicht in Richtung Ust-Severnyj gegangen sind? – fragte Avdeenko, wobei er sich vorbeugte und vorsichtig einen Becher dampfenden Tee vom Ofen nahm.

– Dann tun sie es demnächst, – antwortete Alekseev mit derselben Bestimmtheit und kramte in den Taschen seiner weiten, wattierten Hosen nach Papirossy, – erstens wissen sie von der Lawine, zweitens haben sie wahrscheinlich den Hubschrauber gesehen, drittens sind sie erfahrene Geologen. Und dann, meine Lieben, glaubt ihr, sie sammeln irgend etwas auf diesen unbrauchbaren Erzschichten? Bei diesem Schneesturm? Sie werden sich dort ein paar Tage herumtreiben, nicht mehr. Und dann nach Ust-Severnyj aufbrechen ...

– Du redest, als wäre alles von vornherein klar, – sagte Avdeenko mit einem traurigen Lächeln. – Sie wollten doch erst nächste Woche nach Ust-Severnyj, so sah doch der Plan aus.

– Meine Güte, Nikolaj! Hältst du sie für grüne Jungs, wie? Korševskij macht das schon zehn Jahre, er kennt diese Gegend wie seine Westentasche! Glaubst du, sie sind so blöd, von Hubschraubern und Schüssen nicht auf eine Lawine zu schließen? Außerdem gehen ihnen die Lebensmittel aus. Das bedeutet, daß sie nach Ust-Severnyj gehen. Das garantiere ich euch! Aber Petr und du, ihr seid die reinsten Panikmacher. Ihr redet wie die kleinen Kinder – alles hinschmeißen, die Gesteinsproben hinschmeißen und suchen gehen! Wo sollen wir denn suchen? Entlang der Gebirgskette? Am Želtaja-Kamenka-Fluß? Oder sollen wir vielleicht bis zur Westschlucht vordringen? Ihr wißt ja selbst nichts Genaues. Aber die Gesteinsproben hinschmeißen, daß die Lawine sie verschüttet! Vollkommen absurd ...

– Und wenn sie nicht verschüttet werden? – fragte Avdeenko. – Bis hierher wird die Lawine kaum kommen ...

– Und wenn doch? Was dann? – Alekseev wandte ihm sein breites Gesicht zu. – Wie können wir Rodnikov in die Augen schauen?

Sie verstummten und schauten angespannt auf den knisternden Ofen.

Ivan Timofeevič zog noch immer gemächlich an seiner Pfeife. Sein braungebranntes Gesicht mit den starken Bakkenknochen war besorgt und konzentriert. Graue Schläfen sahen unter der enganliegenden Wollmütze hervor.

Avdeenko nickte bedächtig.

– Tja, die Gesteinsproben, das ist natürlich ... ein ganzes Jahr gesammelt ...

Mit vorgestülpten Lippen trank er vorsichtig von seinem heißen Tee ab. Solovjev fuhr ungeduldig mit den Händen in die Hosentaschen:

– Saša, laß uns noch einmal Verbindung mit Ust-Severnyj aufnehmen.

Alekseev zuckte die Schultern und stand auf:
– Von mir aus . . .

In der Ecke glänzte auf einem grob zusammengezimmerten Tisch eine niegelnagelneue aluminiumverkleidete Funkstation.

Alekseev rückte seinen Schemel etwas weiter, setzte mit sicheren Bewegungen die Kopfhörer auf und legte den Kippschalter um. Auf dem Aluminium leuchtete ein rotes Lämpchen auf.

Alekseev hackte flink auf die Morsetaste ein.

Dann rückte er die Kopfhörer zurecht und lauschte den antwortenden Klopfzeichen der Morserin.

– Na also . . . – sagte er leise und signalisierte »Ende«.

– Sie sind noch nicht da. Nicht zu finden. Und die Hubschrauber fliegen morgen früh, sobald der Schneesturm sich legt, noch einmal.

Er machte die Funkstation aus, nahm die Kopfhörer ab und stand auf:

– Meiner Ansicht nach, Leute, müssen wir zusammenpakken und morgen früh los. Die Gesteinsproben sind schwer, eine gute halbe Tonne. Noch schaffen wir es, noch . . .

Ivan Timofeevič seufzte und blies einen dicken Rauchstrahl aus.

Alle drehten sich zu ihm um.

Solovjev fragte vorsichtig:

– Und Sie, Ivan Timofeevič, was denken Sie?

Ivan Timofeevič kaute schweigend auf dem Mundstück seiner Pfeife.

Alekseev strich sich den Bart.

– So kommen wir nicht weiter. Ich einen Vorschlag, sie einen anderen . . . ein Dilemma.

Avdeenko stellte seinen leeren Becher auf den Tisch:

– Das erste Mal solche Uneinigkeit. Ivan Timofeevič, Sie sind doch ein erfahrener Geologe, seit fünfundzwanzig Jahren auf Expeditionen, Sie wissen doch sicherlich, was zu tun ist?

– Und darum schweigen Sie wohl auch, – sagte Solovjev lächelnd.

Ivan Timofeevič lächelte zurück.

– Eben darum, Petja . . .

Er richtete sich auf, schlug die Pfeife am Rand des Tisches aus, steckte sie in die Tasche und seufzte erleichtert:

– Also folgendes. Was würde mein Landsmann Vasilij Ivanovič Čapaev zu eurem Geschwätz sagen – scheiß drauf und vergiß es. Laßt uns nicht aus dem Kaffeesatz lesen, sondern ernsthaft überlegen. Unter den bestehenden Umständen, scheint mir, müssen wir einfach Nestel gratschen.

In der plötzlichen Stille schüttelte Alekseev den Kopf. Ein Ausdruck des Entzückens lief über sein Gesicht:

– Ach ja! . . . Wieso bin ich nicht selbst darauf gekommen . . .

Solovjev kratzte sich verwirrt im Nacken und murmelte leise:

– Ich wollte eigentlich . . . genau dasselbe . . .

Avdeenko knurrte zustimmend und schlug sich aufs Knie.

– Da seht ihr, Leute, was ein wirklicher Profi ist!

Ivan Timofeevič klopfte ihm auf die Schulter, trat in die Mitte der Hütte, ging in die Hocke und schlug mit den Fingerknöcheln dreimal auf den gefrorenen Boden, wozu er deutlich sprach:

– Rrps, rrps, rrps, Gräntenschlotz.

Die um ihn herumstehenden Geologen wiederholten im Chor:

– Rrps, rrps, rrps, Gräntenschlotz.

Dann stellten sich die jungen Geologen schnell nebeneinander auf, streckten die Handflächen vor und bildeten mit ihnen eine Art Trog.

Ivan Timofeevič gab ihnen mit dem Kopf ein Zeichen.

Die Geologen verbeugten sich langsam. Der Trog senkte sich. Ivan Timofeevič beugte sich darüber, steckte sich zwei Finger in den Hals, würgte und erbebte.

Er übergab sich schnell in den Trog aus Handflächen.

Als er wieder zu Atem kam, zog er sein Taschentuch hervor und sprach, nachdem er sich die feuchten Lippen gewischt hatte:

– Rrps, rrps, rrps, Sementenmotz.

Ohne ihre Pose zu ändern und bemüht, das dickflüssige, weißlichbraune Erbrochene nicht auf den Boden laufen zu lassen, wiederholten die Geologen deutlich:

– Rrps, rrps, rrps, Sementenmotz.

Ivan Timofeevič lächelte und seufzte erleichtert.

Im Ofen war ein schwaches Knistern zu hören, und mit feinem Rascheln zerfielen die verbrannten Scheite.

Draußen vor dem kleinen Fenster heulte der Schneesturm.

AUF DER DURCHREISE

Landwirtschaftl. Kombinat

– Nun, Genossen, im großen und ganzen arbeitet euer Betrieb in diesem Jahr gut, – Georgij Ivanovič lächelte und lehnte sich leicht zurück, – das soll ich euch ausrichten.

Die um den langen Tisch Versammelten lächelten ebenfalls und sahen einander an. Georgij Ivanovič schüttelte den Kopf und breitete die Arme aus.

– Wenn etwas gut ist, Genossen, dann ist es tatsächlich gut, und wenn nicht, wozu dann beleidigt sein? Letztes Jahr wart ihr mit der Saat zu spät dran, euer Kombinat hat beim Plan gemogelt, und bei den Sportanlagen gab es, wie ihr wißt, auch Versäumnisse. Hm? Wißt ihr noch?

Sein linker Nachbar Stepanov nickte.

– Ja, Georgij Ivanovič, wir haben Fehler gemacht, freilich, wir waren selbst schuld.

– Genau, selbst schuld, schließlich seid ihr das Leitungsorgan, und da habt ihr gedacht, die Bauleute kommen ohne euch aus und halten ihre Fristen ein. Dabei sind die ja bloß die Ausführenden, wozu sollten sie sich beeilen? Aber euer Kombinat, das ist doch im ganzen Land bekannt, und Plastik brauchen wir dringend, aber die 78% vom vergangenen Jahr ... Na, was soll das? Darüber soll man sich unterhalten? Panteleev kam zu mir, 78%, was sagt man da? Etwa – Vielen Dank, Genosse Panteleev, für die gute Organisation der Bezirksindustrie, wie?

Die Versammelten lächelten, Georgij Ivanovič schlürfte von seinem abgekühlten Tee und leckte sich die Lippen.

– Aber dieses Jahr ist es einfach eine Freude. Euer neuer

Sekretär, schade, daß er jetzt nicht hier ist, kam schon im Frühling zu mir, Panteleev, der kam im Herbst, bestenfalls, aber Gorochov – im Frühling. Und hat sachkundig Bericht erstattet, versteht ihr, alle Gründe und alles, sachkundig, alles erzählt. Die Bauleute haben den Zement aus einem anderen Bezirk bezogen. Na, was sagt ihr dazu? Panteleev hat es in sechs Jahren nicht geschafft, in den Bezirk Kirov reinzukommen. Da gibt es gleich nebenan, ganze 160 Kilometer entfernt, ein Trockenputzwerk, und in der Nachbarschaft eine Zementfabrik. Na, was sagt ihr dazu?
– Da sind wir ja auch meistens hingefahren, Georgij Ivanovič, – Vorobjev beugte sich vor, – aber damals haben sie uns gleich eine Abfuhr gegeben. Sie haben mit dem Burkovsker Werk zusammengearbeitet, mit der Baustelle, und inzwischen haben sie sich getrennt – jetzt sind sie frei, deshalb hat es geklappt.
– Wenn die nicht Druck gemacht hätten von oben, dann würden sie uns auch jetzt nichts geben, – unterbrach ihn Devjatov, – Zement brauchen alle.
– Aber natürlich war Panteleev schuld, Georgij Ivanovič, er hätte damals Druck machen müssen, vielleicht hatten sie irgendwelche Reserven.
– Natürlich hatten sie, unmöglich, daß sie keine hatten, garantiert hatten sie welche, – Georgij Ivanovič trank den Tee aus, – aber, Genossen, spekulieren wir nicht herum, ab jetzt müßt ihr eben professioneller rangehen. Selbst seid ihr nicht darauf gekommen – bringt eure stellvertretenden Direktoren auf Trab, beratet euch mit den Wirtschaftsleitern, mit den Arbeitern. Und haltet doch in Zukunft die Norm ein, so wie in diesem Jahr: Weiter so! Einverstanden?
– Einverstanden.
– Klar doch, einverstanden.
– Einverstanden, Georgij Ivanovič.
– Wir werden uns anstrengen.

– Wir tun unser Bestes.

– Das ist gut, – Georgij Ivanocič stand auf. – Und mit eurem Sekretär treffe ich mich ein andermal, er soll nicht enttäuscht sein, daß ich ihm nicht Bescheid gegeben habe, ich bin ja auf der Durchreise. Er soll sehen, daß er gesund wird. Wo gibts denn sowas, eine Angina im August, keine gute Sache.

Die Versammelten standen ebenfalls auf.

– Er ist ja robust, Georgij Ivanovič, er kommt schon wieder auf die Beine. So ein Zufall, eigentlich ist er selten krank. Schade, daß es ausgerechnet zu Ihrem Besuch sein mußte.

Georgij Ivanovič sah sie lächelnd an.

– Macht nichts, macht nichts, ich werde jetzt immer unangemeldet zu euch kommen. Weil, wenn Panteleev in mein Büro kam, war sofort klar: Er hatte etwas zu beichten.

Alle lachten. Georgij Ivanovič fuhr fort:

– Und jetzt schaue ich auf der Durchreise rein – alles in Ordnung. So ist das, wenn ein neuer Sekretär da ist. Nun gut, Genossen, – er sah auf die Uhr, – bald drei, wir haben die Zeit vergessen . . . Wißt ihr was, ihr geht alle an eure Plätze, und ich laufe ein halbes Stündchen herum und schaue mir an, wie es bei euch aussieht.

– Vielleicht fahren wir erst mal zum Mittagessen, Georgij Ivanovič, – Jakušev trat zu ihm. – Gleich nebenan, es ist schon alles ausgemacht . . .

– Nein nein, ich will nicht, vielen Dank, eßt ihr ruhig, arbeitet, macht einfach eure Sachen. Und dackelt mir bitte nicht alle hinterher. Ich laufe allein durch die Stockwerke. Also, an eure Plätze, Genossen.

Lächelnd ging er durch das Empfangszimmer hinaus auf den Korridor. Die Mitarbeiter des Bezirkskomitees folgten ihm und gingen, sich noch einmal umsehend, auseinander. Jakušev wollte mit Georgij Ivanovič gehen, doch der drohte ihm mit dem Finger, und Jakušev blieb lächelnd zurück.

Georgij Ivanovič ging den Korridor entlang. Seine Schritte hallten, es war kühl. Der Boden war mit hellen Steinplatten belegt, die Wände hatten einen ruhigen, blaßblauen Ton. An der Decke brannten quadratische Beleuchtungskörper. Georgij Ivanovič ging bis ans Ende durch und stieg die breite Treppe hinauf in den zweiten Stock. Zwei herunterkommende Mitarbeiter grüßten ihn laut und freundlich. Er grüßte zurück.

Im zweiten Stock waren die Wände blaßgrün. Georgij Ivanovič blieb einen Moment am Schwarzen Brett stehen. Er hob eine herabgefallene Reißzwecke auf und drückte sie in die Ecke eines Blattes. Aus der Tür daneben trat eine Frau.

– Guten Tag, Georgij Ivanovič!

– Guten Tag!

Die Frau ging weiter. Georgij Ivanovič betrachtete die Tür. An ihrer hellbraunen Verkleidung war ein Metalltäfelchen befestigt: »Abteilungsleiter Propaganda, Verantw. Ass. V. I. Fomin«.

Georgij Ivanovič öffnete die Tür einen Spalt.

– Darf ich?

Fomin hob den Kopf und sprang hinter seinem Schreibtisch auf.

– Bitte sehr, bitte sehr, Georgij Ivanovič, kommen Sie herein.

Georgij Ivanovič trat ein und sah sich um. Über dem Schreibtisch hing ein Lenin-Porträt, in der Ecke standen zwei massive Safes.

– Hier sitze ich also, Georgij Ivanovič, – sagte Fomin lächelnd und ging auf ihn zu, – irgendwie häuft sich die Arbeit immer im Sommer.

– Dafür gibts dann den Winterschlaf, – Georgij Ivanovič lächelte. – Schön ist Ihr Arbeitszimmer, gemütlich.

– Gefällt es Ihnen?

– Ja. Klein, aber gemütlich. Wie ist Ihr Vor- und Vatersname?
– Vladimir Ivanovič.
– Sehen Sie, zwei Ivanovičs.
– Ja, – lachte Fomin und zupfte an seinem Jackett, – und zwei Abteilungsleiter.

Georgij Ivanovič schmunzelte und trat an den Schreibtisch.

– Wie ist es, haben Sie wirklich viel zu tun, Vladimir Ivanovič?
– Na, es reicht, – Fomin wurde ernst, – jetzt ist bald die Konferenz der Pressemitarbeiter. Und die Journalisten sind irgendwie lahm, mit der Broschüre zum Firmenjubiläum gibt es Unstimmigkeiten. Wir kriegen das nicht in den Griff ... Alle möglichen Probleme ... Und der Parteisekretär ist krank.
– Und was gibt es da? Was für eine Broschüre?
– Zum Jubiläum. Unser Werk wird in diesem Jahr fünfzig.
– Das ist natürlich eine Zahl. Das wußte ich ja gar nicht.
– Ja, und wir wollen ein Jubiläumsbändchen machen. Das heißt, es ist schon fertig. Ich kann es Ihnen zeigen, – Fomin zog eine Schublade auf, nahm das Entwurfsmuster der Broschüre heraus und reichte es ihm. – Hier, das ist das Muster. Das haben uns zwei junge Leute aus Kaluga gemacht. Richtige Künstler. Auf dem vorderen Umschlag das Kombinat, auf dem hinteren unser See und der Wald.

Georgij Ivanovič blätterte in dem Entwurf.

– M-hm ... ja ... bildschön. Und?
– Dem Ersten Stellvertreter gefällt er nicht. Langweilig, sagt er.
– Was findet er bei soviel Schönheit langweilig? Eine herrliche Ansicht.
– Das sage ich ja auch, aber er sträubt sich mit Händen und Füßen ...

– Stepanov?
– Ja. Und der Sekretär ist krank. Seit zwei Wochen können wir nichts absegnen. Halten die Künstler hin und die Druckerei auch.
– Wissen Sie was, ich unterschreibe Ihnen das.
– Da wäre ich Ihnen außerordentlich dankbar, Georgij Ivanovič. Mir fiele ein Stein vom Herzen . . .

Georgij Ivanovič griff nach dem Kugelschreiber, schrieb auf den Umschlag »Seeansicht gutgeheißen« und setzte schnell seine Unterschrift darunter.
– Danke, tausend Dank, – Fomin nahm ihm die Broschüre ab, warf einen Blick darauf und verstaute sie im Schreibtisch.
– Mit dieser Broschüre werde ich es ihnen zeigen. Ich werde sagen, der See ist vom Abteilungsleiter des Gebietskomitees abgesegnet. Damit sie mit dem Verzögern ein Ende machen.
– Tun Sie das, – Georgij Ivanovič lächelte und faßte einen Stapel Papiere ins Auge, die neben dem Briefbeschwerer lagen.
– Und was liegt da so schön akkurat?
– Das ist die Juni-Direktive des Gebietskomitees.
– Aha, zur Durchführung der Erntekampagne?
– Ja, Sie kennen sie sicherlich besser als wir.

Georgij Ivanovič lächelte.
– Tja, ich mußte mich damit befassen. Euer Sekretär war zweimal bei mir, wir haben gesessen und uns den Kopf zerbrochen.

Fomin nickte ernst.
– Das glaube ich!
– Tja, Vladimir Ivanovič, – Georgij Ivanovič seufzte, – von Ruhe können wir nur träumen. Ruhe werden wir haben, wenn man uns mit den Füßen voran hinausträgt.

Fomin nickte mitfühlend und lächelte. Georgij Ivanovič

griff nach der Direktive, musterte die akkurate Maschinenschrift, blätterte in dem Stapel und schüttelte ihn leicht, so daß die Seiten flatterten.

– Nun, und wie finden Sie sie, Vladimir Ivanovič?

– Die Direktive?

– Ja.

– Sehr sachdienlich, für meine Begriffe. Alles exakt und klar. Ich habe sie mit Interesse gelesen.

– Na also, das heißt, wir haben uns nicht umsonst angestrengt?

– Ein unentbehrliches Schriftstück, zweifelsohne. Nicht einfach ein Stück Papier, sondern ein ehrliches Dokument im Geiste der Partei.

– Ich bin froh, daß sie Ihnen gefällt. Gewöhnlich verstauben diese Direktiven in den Safes. Wissen Sie was, Vladimir Ivanovič . . . nehmen Sie diese Direktive und legen Sie sie auf den Safe.

– Oben drauf?

– Ja.

Fomin nahm den Stapel Papiere und legte ihn behutsam auf den Safe. Währenddessen trat Georgij Ivanovič an den Schreibtisch, zog die Schublade auf und nahm das Muster der Jubiläumsbroschüre heraus.

– Gut, daß ich daran denke, – er begann, in dem Entwurf zu blättern, – wissen Sie, Vladimir Ivanovič, was wir machen . . . so . . . vielleicht am besten . . . Damit es keinerlei, genau.

Er legte den aufgeschlagenen Entwurf auf den Tisch, entledigte sich schnell seines Jacketts und warf es auf den Sessel. Dann stieg er langsam auf den Schreibtisch, richtete sich auf und streckte sich. Fomin sah ihn mit einem erstaunten Lächeln an. Georgij Ivanovič knöpfte sich die Hose auf und ließ sie herunter, ließ die Unterhosen herunter und ging mit einem Blick auf den Entwurf in die Hocke. Er verschränkte die mageren Arme vor dem Körper. Mit offenem Mund starrte ihn Fomin an. Georgij Ivanovič sah noch einmal hinter sich, rückte schwerfällig auf den abgewinkelten Beinen ein Stückchen zur Seite und begann in dieser Position zu ächzen, wobei er konzentriert an Fomin vorbeisah. Der blasse Fomin wich zurück in Richtung Tür, doch Georgij Ivanovič sagte mit gepreßter Stimme:

– Tja ... Sie wissen selbst ... der Bauch ...

Fomin trat vorsichtig an den Schreibtisch und hob bestürzt die Hände:

– Aber ... Georgij Ivanovič ... wozu ... ich verstehe nicht ...

Georgij Ivanovič ächzte laut, seine blutleeren Lippen spannten sich, die Augen waren halb geschlossen. Fomin machte einen Bogen um sein Knie und ging auf die andere Schreibtischseite. Das flache Gesäß Georgij Ivanovičs hing über dem aufgeschlagenen Entwurf. Fomin streckte die Hand nach dem akkuraten Heftchen aus, doch Georgij Ivanovič wandte sich mit bösem Gesicht zu ihm:

– Finger weg, Finger weg, nichts da, du Schlaumeier.

Fomin wich zurück an die Wand. Georgij Ivanovič ließ Gase entweichen. Sein unbehaartes Gesäß wankte. Zwischen den dürren Gesäßhälften erschien etwas Braunes, das schnell wuchs und länger wurde. Fomin schluckte krampfhaft, beugte sich von der Wand vor und hielt die Hände über die Jubiläumsbroschüre, um sie vor der braunen Wurst zu schützen. Das Würstchen riß ab und fiel ihm in die Hände. Gleich darauf kam ein zweites zum Vorschein, etwas dünner und heller. Fomin nahm es ebenfalls entgegen. Georgij Ivanovičs kurzes weißes Glied zuckte, ein kräftiger gelber Strahl schoß daraus hervor und spritzte stoßweise über den Tisch. Georgij Ivanovič ließ wieder Gase fahren. Ächzend drückte er eine dritte Portion heraus. Fomin fing sie auf. Der Urin tropfte vom Schreibtisch auf den Fußboden. Georgij Ivanovič streckte die Hände aus, zog aus einer Schachtel auf dem Tisch einige Blätter seidenweiches Notizpapier, wischte sich damit den Hintern und warf sie auf den Boden, dann richtete er sich auf und angelte mit beiden Händen nach den herabgelassenen Hosen. Fomin stand hinter ihm und hielt den warmen Kot. Georgij Ivanovič zog die Hosen hoch und sah sich zerstreut nach Fomin um.

– Na also ... was hast du denn ...

Er stopfte sich das Hemd in die Hose, sprang ungeschickt vom Tisch, griff nach seinem Jackett und klemmte es unter den Arm, dann nahm er den leicht urinbespritzten Telefonhörer ab.

– Sag doch, wie ist die Nummer von diesem eurem, na, dem Stellvertreter ... wie war nochmal ...

– Jakušev? – stammelte Fomin und brachte kaum die Lippen auseinander.

– Ja.

– 327.

Georgij Ivanovič wählte.

– Ich bins, wie ist es, Genosse Jakušev, ich muß los. Wahrscheinlich. Jaja. Neinnein, ich bin bei dem Genossen. Bei Vladimir Ivanovič. Ja, in seinem Zimmer. Ja, besser in zwei, oder sofort, jetzt gleich, ich bin schon im Gehen. Gut, jaja.

Er legte auf, zog das Jacket an, sah sich noch einmal nach Fomin um und verließ den Raum, wobei er die Tür angelehnt ließ. Vom Schreibtischrand tropfte es schnell auf den Fußboden, eine Pfütze Urin glänzte auf der polierten Holzplatte. In der Pfütze lagen ein Notizbuch, eine Zigarettenspitze, eine Brille und der Rand des Entwurfs. Die Tür ging ein Stück auf, und der Kopf der Konkova schaute herein.

– Volodj, wer war denn da bei dir, er? Warum hast du Kauz mich denn nicht gerufen?

Fomin drehte ihr schnell den Rücken zu und verbarg die Hände mit dem Kot.

– Ich hab zu tun, jetzt gehts nicht, jetzt nicht . . .

– Wart doch mal. Erzähl doch, was habt ihr denn besprochen? Stickig ist es bei dir . . . irgendwas riecht . . .

– Jetzt nicht, jetzt nicht, ich hab zu tun! – schrie Fomin mit hochrotem Gesicht und zog den Kopf ein.

– Schon gut, schon gut, ich bin ja schon weg, schrei doch nicht so.

Die Konkova verschwand. Fomin sah zu, wie die Tür ins Schloß fiel, dann bückte er sich rasch und wollte die Hände mit dem Kot unter den Tisch strecken, doch da ertönte vor dem Fenster ein langgezogenes Hupen. Fomin richtete sich auf und machte einen schnellen Schritt ans Fenster. An der Auffahrt zum Bezirkskomitee, standen eine schwarze »Čajka« und zwei schwarze »Volgas«. Umringt von Mitarbeitern des Bezirkskomitees, schritt Georgij Ivanovič die Granitstufen hinab. Jakušev sagte ihm etwas, wobei er freudig gestikulierte. Georgij Ivanovič nickte und lächelte. Die »Čajka« wendete und fuhr an der Treppe vor. Fomin schaute, die Stirn ans kühle Glas gedrückt. Die Hände mit dem Kot gingen leicht auseinander, eines der braunen Würstchen fiel hinab und klatschte ihm auf die Schuhspitze.

Fomin
ihm nach 0'20

DER RUF ZUM DIREKTOR

Bis zur Mittagspause waren es noch zwanzig Minuten.

Ljudmila Ivanovna räumte die Stapel zerfledderter Zeichnungen in den Schrank, Handbuch und Tabellen legte sie in die Schublade.

Ihr Nachbar Kirjuchin zog bedächtig seine dunkelblauen Ärmelschoner glatt. Sonja saß vor dem gesprungenen Spiegel, puderte sich und summte vor sich hin. Die Tür ging auf, und die Sarneckaja trat ein.

– Na, Sonja, was ist?

– Ich komme schon . . .

Sonja verstaute die Puderdose und stand auf.

– Ist das nicht ein bißchen früh, Mädchen? – fragte Ljudmila Ivanovna und knüllte alte Papiere zusammen.

– Ljudmila Ivanovna! – Sonja machte einen Schmollmund, – wir kommen ja dafür auch früher.

Die Burkova lächelte.

– Na, geht mal . . .

Sonja und die Sarneckaja verließen das Zimmer. Kirjuchin zog in Butterbrotpapier gewickelte Schnitten aus seiner Aktentasche und breitete sie auf dem Tisch aus.

Das Telefon klingelte.

Die Burkova nahm den Hörer ab.

– Technologie . . .

– Karapetjan, bitte.

– Er ist im Urlaub.

– Aach . . . Ja . . . ganz vergessen . . .

– Viktor Vasiljič?

– Ja. Ist das Ljudmila Ivanovna? Sie vertreten ihn doch.
– Ja, Viktor Vasiljič.
– Kommen Sie bitte zu mir.
– In Ordnung, ich komme.
– M-hm . . . bitte . . . Und bringen Sie die Technologie des kleinen Getriebes mit . . .
– Alles?
– Ja, am besten.
– In Ordnung.
Der Direktor legte auf.
Ljudmila Ivanovna zuckte erstaunt die Schultern.
– Alles . . . drei pudschwere Ordner . . .
Kirjuchin kaute sein Wurstbrot.
– Äää . . . vielleicht sollte ich Ihnen, helfen Ljudmila Ivanovna . . . wie?
– Nicht nötig, ich schleppe sie schon irgendwie.
– Sonst lassen Sie mich doch . . . ich mach das schon . . .
– Nein nein, vielen Dank.
Sie öffnete den Schrank und zog drei grüne Ordner heraus.
– Nur gehen Sie während meiner Abwesenheit bitte nicht aus dem Zimmer, Viktor Sergeič. Ich erwarte einen Anruf aus Zaporožje.
– Natürlich, selbstverständlich.
Die Burkova richtete ihre Frisur, zupfte an ihrem Jackett und trat, die Ordner unterm Arm, in den Korridor.
Am offenen Fenster standen mehrere Männer und rauchten. Als sie sie bemerkten, drehten sie sich um.
– Ljudmila Ivanovna sieht heute wieder aus wie ein Filmstar, – lachend blies Sockov den Rauch aus.
– Die Technologen haben es gut, – fiel Zelničenko ein, – uns sind alle Frauen weggerannt.
– Ihr brüllt eben zu viel rum, – lächelnd ging Ljudmila Ivanovna weiter.

Am Ende des Korridors, aus der Buchhaltung, wurden Stühle herausgetragen und gestapelt.
– Was ist das für eine Barrikade? – fragte die Burkova lachend.
– Aaach . . . – Geršenzon winkte müde ab, – zwei Jahre haben sie uns mit Versprechungen hingehalten, jetzt haben sie sie und lamentieren den dritten Tag, was holt ihr sie nicht ab.
– Möbel?
– Ja, natürlich.
– Und warum holt ihr sie nicht ab?
– Und wer soll sie transportieren? Ich? Oder Raisa Jakovlevna?
– Bittet doch jemanden.
– Wen?
– Gott, ist es denn so schwer, ein paar Männer zu finden? Da hinten stehen welche und rauchen. Fragt doch die.
– Vielleicht fragen Sie für uns? Ihnen schlagen sie es nicht ab.
– Auf dem Rückweg, – lächelte Ljudmila Ivanovna, – und dann ist eine Flasche Sekt fällig.
– In Ordnung, – lachte Geršenzon.

Ljudmila Ivanovna ging um die Ecke, die kleine Treppe hinunter, am kleinen Saal vorbei und betrat das Empfangszimmer des Direktors.

Ira tippte, Alevtina Sergeevna steckte das Kabel des Samowars in den Stecker.
– Viktor Vasiljič ist in seinem Zimmer?
– Ja, Ljudmila Ivanovna, – Ira hob den Kopf. – Gehen Sie nur. Er ist allein.

Die Burkova öffnete die massive, braun verkleidete Tür.
– Ist es gestattet, Viktor Vasiljič?
– Kommen Sie rein, Ljudmila Ivanovna.

Der Direktor schnippte eine Kippe in den Aschenbecher,

stand auf und drückte der Burkova über den Tisch hinweg die Hand.

– Setzen Sie sich.

Die Burkova setzte sich ihm gegenüber und legte die dicken Ordner auf einen langen, hellen Tisch. Sergeev setzte sich an seinen dunklen Schreibtisch, der im Winkel an den anderen anschloß, und schob einen Stapel Berichte zur Seite.

– Ich hatte ja ganz vergessen, daß Muchtarbekovič im Urlaub ist.

– Schon drei Tage.

– Ich leide allmählich an Sklerose, – der Direktor lachte und sah die Burkova blinzelnd an. – Aber Sie sehen hervorragend aus.

– Aber, Viktor Vasiljič . . .

– Und das Jäckchen ist bestimmt nicht bei uns hergestellt, hübsch, hübsch . . .

– Man gibt sich Mühe.

– Und was steht da drauf . . . Ich kanns nicht erkennen . . .

– Monte Carlo.

– Tz tz. Schick. Eine unverschämte Frage: Über Beziehungen oder so gefunden?

– Geschenkt bekommen.

– Aha. Mein Töchterchen ist immer hinter sowas her . . . na gut. Über Jacken reden wir später.

Er fischte eine Zigarette aus der Packung, steckte sie zwischen die Lippen und strich ein Streichholz an.

– Haben Sie die Laufkarten für das Getriebe mitgebracht?

– Hier. Ich konnte sie kaum herschleppen.

– Sagen Sie, Ljudmila Ivanovna, was ist mit dieser kleinen Welle da . . . na . . . mit der Gegenwelle . . .

– Was?

– Naja, die Toleranz, heißt es, ist vollkommen daneben. Schauen Sie, hier sind die Berichte. Statt 0,06 – 0,32.

– Wie?
– Ja ja.
– Sie ist doch seit vier Jahren in der Produktion, Viktor Vasiljič. Sie haben doch alles austariert, hundertmal überprüft ...
– Trotzdem.

Der Direktor legte ihr ein Blatt vor.

Ljudmila Ivanovna hob es an die Augen.

– So ... Die Zapfen sind im Normbereich, die Keilnut, ja, der Boden des Zahnrads ... ja ... des Lagers ... mein Gott ... wirklich 0,32.

Der Direktor schnalzte traurig und zog an seiner Zigarette.

– Vielleicht ist etwas verwechselt worden? Vielleicht hat sich der Einrichter geirrt?

Sergeev seufzte.

– Die Sache ist die, Ljudmila Ivanovna, daß dieser Bericht nicht der erste ist. Hier, sehen Sie ... Er machte die Tischschublade auf, zog einen Packen gehefteter Blätter hervor und hielt ihn der Burkova hin.
– Was ist das ... alles allein über die Gegenwelle?
– Ja. Und überall statt 0,06 – 0,32.
– Mein Gott, tatsächlich.
– Tatsächlich ... – der Direktor sah traurig aus dem Fenster und blies den Rauch aus. Die Burkova hob den Kopf.
– Aber wie ... aber ... Viktor Vasiljič, aber ... und was ist ... die ganzen drei Monate?!
– Die ganzen drei Monate.
– O Gott! Und warum wußten wir überhaupt nichts?! Das ... das heißt doch ... drei ganze Monate – Ausschuß!?
– Das heißt es, ja.
– Aber ... aber die Überprüfungen ... in der Montage werden sie doch geprüft!
– Da werden sie geprüft.

– Und?
– Sie funktionieren normal, – der Direktor lächelte traurig, – vorläufig . . .
– Mein Gott . . . Aber warum wissen wir denn nichts?! Weder Karapetjan noch die Abteilung? Und der Bauingenieur auch nicht! Er hat mir doch gar nichts gesagt! Und die Monteure auch nicht! Wie geht denn das an, Viktor Vasiljič?!

Sergeev drückte langsam seine Zigarette aus, schoß die Streichholzschachtel mit einem Schnipser weg und sah der Burkova in die Augen.

– Sagen Sie, Ljudmila Ivanovna, welches Institut haben Sie abgeschlossen?
– Das Institut für Werkzeugmaschinen. Warum?
– In welchem Jahr?
– Achtundsechzig.
– Das heißt, Sie sind bei uns beinahe . . .
– Dreizehn Jahre. Aber was hat das damit zu tun?

Sergeev rieb sich müde die Nasenwurzel.

– Ljudmila Ivanovna, sagen Sie, wer hat die Technologie zur Bearbeitung der Gegenwelle erstellt?
– Korolev und ich.
– So. Korolev arbeitet nicht mehr bei uns.
– Nein. Vor zwei Jahren ist er zu »Borec« gegangen.

Sergeev stand auf, bohrte die Hände in die Taschen und trat ans Fenster.

Die Burkova sah ihn erstaunt an.

Vor dem Fenster wurden Vorprofile entladen. Auf der kleinen Grünfläche vor der Gießerei spielten Arbeiter Domino.

Sergeev rieb sich wieder die Nasenwurzel.

– Ljudmila Ivanovna, was meinen Sie, warum haben die beanstandeten Getriebe die Prüfungen überstanden?
– Nun . . . schließlich kann die Toleranz am Zahnrad . . . das kann in der ersten Zeit ohne Wirkung bleiben.

– Ohne Wirkung?
– Nun ja. Das ist eine rein technologische Abweichung ... irgendwann wird sie Folgen haben, aber eine Zeitlang kann sie auch wirkungslos bleiben.

Der Direktor seufzte und berührte vorsichtig mit den Fingern die staubige Scheibe.

– Kann wirkungslos bleiben ... Und wenn wir in der Mitte der Welle den Zapfen auskehlen? Hat das Auswirkungen auf die Funktion des Getriebes?
– Es kommt darauf an. Wenn es die Stabilitätstests besteht, hat es keine Auswirkungen.
– Und wenn man umgekehrt – eine Ausbuchtung ansetzt?
– Auch nicht, wahrscheinlich. Das hat keine Wirkung. Nur ist die Ausbuchtung zu nichts nutz, überflüssiges Metall ...

Der Direktor wandte sich der Burkova zu.

– Nun, und wenn man etwas an das Zapfenende anschweißt? Hat das Auswirkungen?

Ljudmila Ivanovna lächelte und zuckte die Schultern.

– Es kommt darauf an, was, Viktor Vasiljič. Ein Bolzen wird wohl nicht stören. Aber etwas Schweres wahrscheinlich schon ...

Sergeev sah sie durchdringend an.

– Na, und wenn man einen Schwanz anschweißt an den Zapfen der Gegenwelle? Hat das Auswirkungen auf die Funktion des Getriebes?

Die Burkova öffnete den Mund und brachte kaum hörbar heraus:

– Wie ... wie ...
– So, – der Direktor runzelte die Stirn, – wenn wir einen Schwanz nehmen und an den Zapfen anschweißen. Der Zapfen ragt doch aus dem Getriebe heraus durch das Zahnrad und die Dichtung. Er ragt doch heraus?
– Er ragt ... heraus ...

– Na also! Nehmen wir ihn und schweißen einen Schwanz dran! Hat das Auswirkungen?

Die Burkova hob sich fassungslos von ihrem Stuhl.

– Mein Gott . . . wie können Sie . . . wie können Sie . . . nur . . . mein Gott! Schämen Sie sich nicht?

– Schämen wofür?

– Gott . . .

Sie machte einen Schritt zur Tür, doch der Direktor packte sie grob am Arm.

– Setzen Sie sich!

– Gott, wie abscheulich . . . lassen Sie mich . . .

Der Direktor drückte sie an den Schultern auf ihren Stuhl.

– Sie setzen sich gefälligst hin! Haben wir Zeit zu vertrödeln?! Was spielen Sie hier die Hysterische? Ich frage sie als die Stellvertreterin des Cheftechnologen des Werks, begreifen Sie das oder nicht?

Er ging zum Schreibtisch und nahm den Hörer ab.

– Ira! Demin, Svešnikova und Gurinovič zu mir! Ja . . . und ruf den Parteiorganisator an . . . sofort!

Sergeev warf den Hörer hin und ging, ohne die auf ihrem Stuhl kauernde Burkova zu beachten, wippend im Zimmer auf und ab.

Bald ging die Tür auf, und Demin und Gurinovič traten ein.

– Und die Svešnikova, und Zamjatin?

– Sie sind wahrscheinlich in der Mittagspause, Viktor Vasiljič, – antwortete der schon etwas kahle Gurinovič.

– Aus der Kantine holen! – schrie Sergeev der Sekretärin zu, – sofort herholen!

Ira rannte aus dem Empfangszimmer.

Sergeev setzte sich an seinen Schreibtisch und nickte den Eingetretenen trocken zu.

– Setzt euch, Genossen.

Mit einem schiefen Blick zur Burkova setzten sich Demin und Gurinovič.

Sergeev warf eine in die Stirn gefallene Strähne zurück, sah mürrisch drein und trommelte laut mit den Fingern auf den Tisch.

– Viktor Vasiljič? – Demin schaute hinter Gurinovičs Schulter hervor, – was ist denn passiert?

– Erklär ich gleich, Ivan Nikolaevič, – Sergeev lächelte bitter, – einen Moment.

Nach einiger Zeit traten die Svešnikova und Zamjatin ein.

– Setzt euch, setzt euch ... – der Direktor nickte gereizt mit dem Kopf.

Die Eingetretenen setzten sich.

Sergeev stand auf und stützte sich auf den Tisch.

– So, Ljudmila Ivanovna. Vor Ihnen sitzt die gesamte Werksleitung. Der Chefingenieur, der Chefmechaniker, der Chefökonom und der Vorsitzende des Parteikomitees. Es fehlt der Vorsitzende des Werkkomitees, aber gut ... das reicht, glaube ich. Als Autorität reicht es.

Die Burkova sah ihn verängstigt an.

– Viktor Vasiljič, was ist denn passiert?

Der Direktor schüttelte traurig den Kopf.

– Passiert ist, Nadežda Afanasjevna, daß mir die Stellvertreterin des Cheftechnologen, die rechte Hand unseres unersetzlichen Muchtarbekovič, Ljudmila Ivanovna Burkova, auf eine rein technologische Frage hin einfach in die Fresse spuckt, im übertragenen Sinne, und mir aus dem Zimmer rennt. Ich frage sie etwas, aber sie wünscht mit mir nicht zu sprechen.

– Das ist nicht wahr! Ich habe mit Ihnen gesprochen, bis Sie das gesagt haben ...

– Was ist »das«?! Was ist »das«?!

– Bis Sie ... bis Sie ... obszöne ... Mein Gott ...

Die Burkova begann zu weinen.

Der Direktor seufzte und richtete sich auf.

– Na gut. Fangen wir von vorne an. Genossen, ich habe die Burkova gefragt, ob man an der Gegenwelle des Getriebes den Zapfen auskehlen oder umgekehrt verstärken kann.

Der Chefingenieur strich sich übers Kinn.

– Ja, kann man, natürlich. Nur wozu?

– Das ist schon eine andere Frage. Also man kann?

– Ja.

– Das hat sie mir auch geantwortet. Und jetzt sagen Sie, kann man eine Stange an den Zapfen anschweißen?

Der Chefingenieur zuckte die Schultern.

– Kommt darauf an, was für eine.

– Eine nicht sehr große?

– Ja.

– Und es wird funktionieren?

– Wahrscheinlich ja. Und auch am Zapfen, das macht nichts . . . nur die Achsbelastungen verändern sich, und die sind praktisch gleich null, er steht ja horizontal.

Der Direktor nickte.

– Danke. Ljudmila Ivanovna, verstehen Sie das?

Die Burkova fuhr nervös zusammen.

– Ich habe Ihnen doch genau dasselbe gesagt, ich rede ja nicht davon, aber es muß doch . . .

Ohne sie zu beachten, nickte der Direktor den Versammelten zu.

– Ihr könnt gehen, Genossen. Eßt euer Mittagessen.

Die vier standen auf.

– Das war alles, Viktor Vasiljič? – die Svešnikova lächelte zerstreut.

– Das wars, Nadežda Afanasjevna, – der Direktor nahm sich eine Zigarette und steckte sie an. – Ah, da fällt mir noch was ein! Genrich Zalmanovič, wenn Sie den Kostenanschlag für die Zehnte haben, kommen Sie zu mir.

– Gut, – nickte Gurinovič.

Sergeev zog bedächtig an seiner Zigarette und sah der Seite auf die erstarrte Gestalt der Burkova. Sie saß mit gesenktem Kopf am Tisch.

Der Direktor streckte die Hand aus und schaltete den Ventilator auf dem Tisch ein.

Seine abgeblätterten Schaufeln verflossen zu einem verwaschenen Kreis, im Luftstrahl bebte das Hemdkrägelchen des Direktors, und ergrauende Strähnen krochen in seine Stirn.

Sergeev seufzte und spielte mit der Streichholzschachtel.

– Na, und, Ljudmila Ivanovna?

Die Burkova schwieg.

Der Direktor öffnete die Schachtel, nahm ein Streichholz heraus und hielt es an die glimmende Spitze der Zigarette. Der Streichholzkopf flammte auf.

– Haben Sie sich überzeugt, Ljudmila Ivanovna?

Die Burkova nickte krampfhaft.

– Haben Sie sich überzeugt, daß ich recht hatte und Sie nicht?

Sie nickte wieder.

– Werden Sie mich jetzt ausreden lassen?

Sie nickte.

– Und nicht weglaufen?

Die Burkova schüttelte den Kopf.

Sergeev legte das brennende Streichholz in den Aschenbecher, stand auf und nahm die Zigarette in die linke Hand. Dann trat er zur Burkova und legte seine rechte Hand auf ihre Schulter.

– Also, Ljudmila Ivanovna, ich gebe Ihnen zwei Tage zur Erstellung der Technologie des an den Zapfen geschweißten Schwanzes.

Sie fuhr zusammen und hob den Kopf.

– Schon gut, schon gut. Nicht eines Schwanzes, sondern

eines männlichen Gliedes. Entschuldigen Sie, ich bin eben direkt. Aus der Dynastie der Arbeiter ...

Er tat einen Zug und fuhr fort:

– Die Frist ist zweifellos kurz. Erbärmlich kurz sogar. Doch Sie müssen auch mich verstehen.

Asche fiel von der Zigarette auf seinen Stiefel.

Sergeev stampfte auf und schüttelte sie ab.

– Schalten Sie die ganze Abteilung ein, machen Sie ordentlich Dampf. Aber daß mir in zwei Tagen hier, – er klopfte mit dem vom Rauchen verfärbten Fingernagel auf den Tischrand, – die Arbeitslaufkarten liegen. Egal wie! Wenn alles klappt, gibt es am Ende des Quartals die volle Prämie. Für die ganze Abteilung.

Die Burkova kam in Bewegung.

– Aber, Viktor Vasiljič, ich bin eigentlich ... nicht der Cheftechnologe ... nur die Stellvertreterin ...

– Sie sind der diensthabende Cheftechnologe. Tragen die Verpflichtungen des Cheftechnologen. Also kommen Sie mir bitte nicht so. Und sind Sie vielleicht dümmer als Karapetjan?

– Aber trotzdem ...

– Hören Sie auf, stellen Sie Ihr Licht nicht unter den Scheffel. Wir haben genug Zeit verloren, – er schielte auf die Uhr. – Ich muß heute ins Ministerium. Und noch was zwischen die Kiemen kriegen.

Die Burkova stand auf, zog zerstreut die Ordner zu sich heran.

Sergeev half ihr.

– Bitte, Ljudmila Ivanovna, handeln Sie. Wählen Sie einen Stahl, beraten Sie sich mit den Planern. Aktivieren Sie Demin. Tun Sie alles! Und zu mir können Sie zu jeder Zeit kommen, ohne Anmeldung. Ich bitte Sie.

Die Burkova ging zur Tür, blieb stehen, überlegte und sagte:

– Aber, Viktor Vasiljič, Sie haben doch . . . nun . . . Sie sagen die Technologie dieses . . .
– Männlichen Gliedes . . .
– Ja, – sie senkte rasch die Augen, – aber ich weiß ja gar nicht . . . eigentlich . . .
– Was für eins genau?
– Nja.
– Also . . . – der Direktor runzelte die Stirn und strich sich mit der Hand übers Haar. – Das ist eigentlich nicht so wichtig . . . aber . . . wissen Sie was, fragen Sie einen der Mitarbeiter. Oder nein! Folgendes: Wenden Sie sich an unseren Komsomol-Sekretär!
– An Širokov?
– Ja! An Sereža. Er ist ein guter Junge, anstellig. Sie erklären es ihm, und er wird Sie verstehen. Er wird Sie richtig verstehen.

– Aber, Viktor Vasiljič, ich weiß gar nicht . . . wie das . . . das ist doch . . . ich weiß überhaupt nicht, – die Burkova preßte die Ordner an die Brust.
– Na was gibts denn da zu wissen? – der Direktor sah sie erstaunt an. – Gehen Sie zu ihm, sprechen Sie mit ihm, erklären Sie ihm alles, wie es ist. Wenn Sie wollen, schreibe ich Ihnen eine kurze Notiz.
– Das wäre gut, Viktor Vasiljič.

Der Direktor ging an den Schreibtisch und schrieb, ohne sich zu setzen.
– So . . . Bitten Sie ihn . . . Soll er Ihnen einfach sein Glied zeigen. Und Sie machen die nötigen Messungen. Präzision nach Ihrem Ermessen. Er lachte müde und faltete das Blatt. – Fragt sich, ob sie überhaupt nötig ist, unsere Präzision. Da ist die Toleranz sechsmal größer – und nichts! Es funktioniert! Eine Komödie . . .

Die Burkova lächelte vorsichtig.

Der Direktor drückte die Kippe in den Aschenbecher,

ging auf die Burkova zu und hielt ihr den gefalteten Zettel hin.

– Lassen Sie das von Iročka abstempeln.

Ljudmila Ivanovna nahm den Zettel und legte ihn auf die Ordner.

– Aber, Viktor Vasiljič, das Glied ... ist doch ... unterschiedlich, das weiß ich ...

– Natürlich, – Sergeev nickte ernst. – Wenn es entspannt ist, ist es klein, und wenn es gestreckt ist, ist es zweimal so groß. Aber wir brauchen wahrscheinlich die Maße des gestreckten Gliedes. Wenn es eregiert ist.

– Aber wie kann ich denn ...

– Nun, das ist schon Ihre Sache, – sagte der Direktor trokken, drehte sich um und ging zum Schreibtisch. – Fassen Sie es hier ... fahren Sie mit der Hand ... hier ... so. Reiben Sie irgendwie. Überhaupt, tun Sie etwas. Und halten Sie mich auf dem laufenden.

Die Burkova nickte und öffnete mit der freien Hand die Tür.

– Und bitteschön, Ljudmila Ivanovna, sagen Sie Ihrer Sonja, sie soll zu Drobiz nicht so frech sein, er war schon zum zweiten Mal bei mir! – rief der Direktor beleidigt und ließ sich in seinen Sessel fallen. – Er ist doch ein alter Mann, Veteran, er könnte ihr Vater sein. Sollen wir das vors Werkkomitee bringen?!

– Gut, ich sage es ihr, – antwortete die Burkova leise, verließ das Arbeitszimmer und lehnte die Tür vorsichtig hinter sich an.

DIE FREISTUNDE

Černyš erwischte den kichernden Gera an der Garderobe, packte ihn am Kragen und zerrte ihn zurück:

– Los . . . komm . . . keine Gegenwehr . . . gleich sag ichs den anderen . . .

Gera klammerte sich, immer noch lachend, an das hölzerne Geländer:

– Hilfe! Üüüberfall!

Seine Stimme gellte durch den leeren Schulkorridor.

– Los, – zischte Černyš und riß Geras tintenverschmierte Hände vom Geländer, – gleich ruf ich Saška . . . fängt Streit an und freut sich noch . . .

– Hi-il-fe!

Gera bog sich rasch nach hinten, stieß mit dem Hinterkopf Černyš ans Kinn und lachte:

– Warte, du Scheusal . . . – Černyš riß ihn von der Garderobe weg und zerrte ihn mit sich. Die dunkelblaue Jacke rutschte Gera über den Kopf, seine Schuhe schrammten über die Fliesen.

– O.k., es reicht, Černyj . . . genug . . . hörst du . . .

– Keine Gegenwehr . . .

Von hinten hallten Schritte.

– Černyšov! – tönte es durch den Korridor.

Černyš ließ von seinem Opfer ab.

– Was soll das? – Zinaida Michajlovna war schon bei ihnen und zog ihn an der Schulter von Gera weg. – Was ist hier los?! Kannst du mir das erklären!

Der befreite Gera stand auf und zog seine Jacke zurecht.

Černyš zog geräuschvoll die Nase hoch und schaute zur Wand.

Gera schaute auch dorthin.

– Wieso seid ihr nicht im Unterricht? – Zinaida Michajlovna verschränkte die Arme vor dem Bauch.

– Weil, wir haben ... Zinaid Michalna ... wir durften gehen ... eine Freistunde ...

– Bei wem? In der 5b?

– Ja.

– Und wieso? Wieso eine Freistunde?

– Svetlana Nikolaevna ist krank.

– Aaaa ... so. Ja und? Ist das ein Grund, verrückt zu spielen? Gerasimenko! Was soll das? Was brüllt ihr durch die ganze Schule?

Gera sah zur Wand.

– Tatjana Borisovna hat uns Aufgaben gegeben und ist weggegangen.

– Ja, und? Warum treibt ihr euch im Schulhaus herum? Hm?

– Wir sind fertig, Zinaid Michalna ...

– Und die Hausaufgaben? Habt ihr keine? Nein? Was nehmt ihr gerade durch?

Die Jungen schwiegen.

Zinaida Michajlovna seufzte und faßte Černyšov an der Schulter:

– Gerasimenko, geh in die Klasse. Černyšov, du kommst mit mir ...

– Aber, Zinaid Michalna ...

– Komm, komm! Gerasimenko, sag, sie sollen leise sein. Ich komme gleich zu euch.

Gera rannte weg.

Die Direktorin ging mit Černyšov in die entgegengesetzte Richtung.

– Komm, Černyšov. Du wirst, wie ich sehe, immer frecher. Gestern das mit der Bolšova, heute schleifst du Gerasimenko über den Fußboden . . .

– Zinaid Michalna, ich tus auch nie wieder . . .

– Geh, geh. Red dich nicht heraus. Gestern hat die Bolšova im Lehrerzimmer geweint. Ach ja, warum bist du eigentlich gestern nach dem Unterricht nicht zu mir gekommen? He? Ich hatte dich doch gebeten?

– Bin ich doch, Zinaid Michalna, aber Sie waren nicht da.

– Nicht da? Jetzt lügst du auch noch frech. Bravo!!

Zinaida Michajlovna blieb vor ihrem Zimmer stehen und öffnete weit die Tür.

– Geh rein.

Černyšov ging langsam hinein.

Zinaida Michajlovna folgte ihm und lehnte die Tür an:

– So. Bis hierhin habe ich euch schreien hören. Durch die ganze Schule.

Sie ließ die Schlüssel auf den Tisch fallen, setzte sich und nickte Černyšov zu:

– Komm mal her.

Er trottete langsam zum Tisch und blieb vor ihr stehen.

Zinaida Michajlovna nahm die Brille ab, rieb sich die Nasenwurzel und sah ihn müde an:

– Was soll ich mit dir machen, Černyšov?

Černyšov senkte den Kopf und schwieg.

Das zerknitterte Pionierhalstuch war ihm seitlich auf die Schulter gerutscht.

– Wie heißt du denn mit Vornamen?

– Sereža.

– Sereža. Du gehst jetzt in die fünfte Klasse. In ungefähr zwei Jahren kommst du in die achte . . . Und dann? Glaubst du, mit so einem Betragen können wir dich in die neunte übernehmen? Was hast du in Betragen?

– Eine Drei.

– Und in Algebra?

– Eine Zwei.
– Gottseidank . . . und in Literatur?
– Eine Drei.
– Und in Russisch?
– Drei . . .
– Na ja. Du willst wohl auf die Berufschule gehen? Sag doch was!

Černyšov zog die Nase hoch:
– Nein. Ich will weiterlernen.
– Das merkt man dir nicht an. Und mit solchen Noten lassen wir dich auch nicht. Mit so einem Betragen.
– Zinaid Michalna, aber ich hab doch in Geometrie eine Eins und in Zeichnen auch . . .

Zinaida Michajlovna legte die Brille ins Etui:
– Rück mal dein Halstuch zurecht.

Černyšov tastete nach dem Knoten und zog ihn an seinen Platz.
– Was sind deine Eltern von Beruf?
– Mein Papa ist Ingenieur. Meine Mama Verkäuferin. Im Kaufhaus »Moskva« . . .
– Na siehst du. Und du? Hast du vielleicht beschlossen, dir an Kulikov ein Beispiel zu nehmen? Der ist im Waisenhaus aufgewachsen, aber du hast noch Mama und Papa. Er hat keinen, der ihm was sagt, aber du? Ist es deinen Eltern denn egal, wie du in der Schule bist?
– Nein, egal nicht . . .
– Schaut dein Vater in dein Heft?
– Ja.
– Und?
– Schimpft . . .
– Und du?
– Naja . . . ich werde mich nicht mehr so aufführen, Zinaid Michalna . . .
– Immer die alte Leier, wie ein Papagei! Du bist doch ein

Pionier, ein erwachsener Mensch! Es geht doch nicht darum, ob du das tust oder nicht, sondern was aus dir wird! Verstehst du das?

– Ja ... ich werde mich bessern ...

Zinaida Michajlovna seufzte:

– Ich glaube dir nicht, Černyšov.

– Ehrenwort ...

– Ach, du und dein Ehrenwort ... – lächelnd stand sie auf, ging zum Fenster, zog fröstelnd die vollen Schultern zusammen. – Was war denn gestern mit dir und der Bolšova los?

Černyšov stockte:

– Ach ... ich habe bloß ...

– Was, bloß? Bloß ein Mädchen beleidigt? Bloß so, hergenommen und beleidigt!

– Ich wollte das doch gar nicht ... wir sind uns bloß hinterhergerannt ... das war ein Spiel ...

– Ein Spiel, Černyšov, endet nicht mit Tränen ...

– Aber ich wollte nicht, daß sie weint.

– Und deshalb hast du ihr den Rock hochgehoben?

– Ich hab ihn ja gar nicht hochgehoben ... bloß ...

Zinaida Michajlovna kam auf ihn zu.

– Sag, warum hast du das gemacht?

– Sie hat mich gekniffen, Zinaid Michalna, und auf den Rücken geschlagen ...

– Und du hast ihr den Rock hochgehoben? Du, ein Pionier, den Rock hochgehoben?! Černyšov! Wenn das irgendein Straßenrowdy wie Kulikov täte, den Rock hochheben, würde mich das nicht wundern. Aber – du?! Du bist doch im letzten Jahr auf die Stadtolympiade für Geometrie gefahren! Und du – hebst einem Mädchen den Rock hoch?

– Ich hab ein einziges Mal ...

– Aber wozu denn? Wozu?

– Ich weiß nicht . . .

– Eine Absicht, irgendeine Absicht wirst du doch gehabt haben? Wolltest du vielleicht sehen, was darunter ist?

– Nee . . .

– Und warum hast du ihn dann hochgehoben?

– Ich weiß nicht . . .

– Das alte Lied. Warum hast du ihn hochgehoben? Hast du nicht den Mut, es einzugestehen? Als künftiger Komsomolze!

– Ach, ich wollte bloß . . .

– Bloß mal sehen, was drunter ist? Komm, sei doch ehrlich. Hm?!

– Ja . . .

Zinaida Michajlovna lachte:

– Was bist du dumm . . . Was hast denn du unter der Hose?

– Na Unterhosen.

– Und die Mädchen ebenfalls. Oder hast du gedacht, einen Pullover? Weißt du etwa nicht, daß Mädchen auch Unterhosen tragen?

– Doch . . . klar . . .

– Wenn das so klar ist, warum hast du ihn dann hochgehoben?

– Sie hat mich eben gekniffen . . .

– Aber gerade hast du mir doch gesagt, du wolltest sehen, was sie unter dem Rock hat!

Černyšov schwieg.

Zinaida Michajlovna schüttelte den Kopf:

– Černyšov, Černyšov . . . Warum lügst du mich an. Schämst du dich nicht?

– Ich lüge nicht, Zinaid Michalna.

– Doch! Du lügst! – sie beugte sich zu ihm. – Ist es denn so schwer, die Wahrheit zu sagen? Du lügst! Nicht die Unterhosen haben dich interessiert und nicht der Rock! Sondern was unter den Unterhosen ist!

Černyšov ließ den Kopf noch tiefer sinken.

Zinaida Michajlovna rüttelte ihn leicht an den Schultern:

– Das, das ist es, was dich interessiert hat!

– Nein ... nein ... – murmelte Černyšov.

– Und peinlich ist gar nicht das. Das ist sogar ganz natürlich. Peinlich ist, daß du mir nicht die Wahrheit sagen kannst! Das ist peinlich!

– Ich kann ja ... wirklich ...

– Nein, das kannst du nicht!

– Doch ...

– Dann sag es selbst.

Zinaida Michajlovna setzte sich an den Tisch und stützte das Kinn in die Hand.

Černyšov zog die Nase hoch, kratzte sich die Wange:

– Naja, ich ...

– Ohne naja!

– Naja ... mich hat interessiert ... es hat mich bloß interessiert ...

Zinaida Michajlovna nickte verständnisvoll:

– Sag, wie alt bist du, Černyšov?

– Zwölf.

– Zwölf ... Ein erwachsener Mensch. Hast du eine Schwester?

– Nein.

Zinaida Michajlovna drehte einen Bleistift in den Fingern.

– Aha ... Hör zu! In der letzten Woche hast du dich mit Nina Zacepina geprügelt! Wolltest du da auch sehen, was sie unter der Unterhose hat?

– Nein, gar nicht ... da habe ich ... das war was ganz anderes ...

– Na komm, schau mir in die Augen, lüg wenigstens jetzt nicht.

Černyšov ließ den Kopf sinken.

– Da wolltest du doch auch nachsehen. Stimmts? Hm?

Er nickte.

Zinaida Michajlovna lächelte:

– Černyšov, glaub nur nicht, ich lach dich aus oder will dich bestrafen. Das ist was ganz Anderes. Du bist zwölf Jahre alt. Das neugierigste Alter. Alles möchte man wissen, alles sehen. Ich erinnere mich doch, ich war ja auch mal zwölf. Oder denkst du, Direktorinnen werden schon als Direktorinnen geboren? Ich war auch mal ein Mädchen. Aber ich hatte meinen Bruder Volodja. Einen älteren Bruder. Und als die Zeit gekommen war, hat er mir alles gezeigt. Worin sich die Jungen von den Mädchen unterscheiden. Und ich habs ihm auch gezeigt. So einfach war das. Und keiner mußte Röcke hochheben. Wir sind zu normalen Leuten herangewachsen. Er ist Pilot bei der Zivilluftfahrt und ich Schuldirektorin. So ist das.

Černyšov sah sie mißtrauisch an.

Zinaida Michajlovna lächelte noch immer:

– Wie du siehst, ist alles sehr einfach. Ist es doch, oder?

– M-hm . . .

– Hast du denn vielleicht irgendeine Verwandte in deinem Alter?

– Nein. Einen Cousin hab ich . . . aber keine Cousinen . . .

– Na, oder eine Freundin, eine richtige Freundin? Ich meine, eine Freundin im besten Sinn, einen wirklichen Freund? Eine, der man alles anvertrauen kann?

– Nein, nein . . .

Zinaida Michajlovna legte den Bleistift zur Seite und kratzte sich an der Schläfe.

– Eure Generation ist zu bedauern. Keine Schwestern, keine Freundinnen . . . Und mit 18 besinnt ihr euch und macht dann die Dummheiten . . . ja . . .

Sie schwieg eine Weile, dann stand sie auf, ging zur Tür, schloß sie und drehte den Schlüssel zweimal um. Dann ging sie schnell an Černyšov vorbei und zog die Vorhänge zu:

– Merk dir eins, Černyšov, schreibs dir hinter die Ohren: versuche niemals, etwas auf unehrliche Weise zu erfahren. Solches Wissen verdirbt dich nur. Komm her.

Černyšov drehte sich zu ihr.

Sie trat vom Fenster weg, hob ihren braunen Rock, klemmte ihn sich unters Kinn und fing an, die Strumpfhose, unter der hellblaue Unterhosen durchschimmerten, hinunterzuschieben.

Černyšov zog den Kopf ein und wich zurück.

Zinaida Michajlovna ließ die Strumpfhose hinab, fuhr mit beiden Händen in die Unterhose und ließ sie, mit dem Hintern etwas nachhelfend, bis zu den Knien rutschen.

Černyšov drehte sich weg.

– Bleib hier! Du bleibst hier, du Dummerchen! – Sie hielt den Rock festgeklemmt, packte Černyšov am Arm und drehte ihn zu sich. – Wehe, du drehst dich weg! Für dich bemüh ich mich doch, du Tölpel! Schau hin!

Sie bog die rundlichen Knie auseinander und faßte den zurückgewichenen Jungen am Arm:

– Schau hin! Hörst du! Černyšov!

Černyšov schaute und drehte sich wieder weg.

– Schau hin! Schau hin! Schau hin!

Sie rückte näher an ihn heran, die Beine gespreizt.

Černyšovs Lippen verzogen sich, er begann zu schluchzen.

– Schau hin! Das hast du doch gewollt. Hier . . . hier . . .

Sie hob den Rock noch höher.

Černyšov weinte, das Gesicht im Ärmel vergraben.

– Aber warum heulst du denn, Černyšov? Hör auf. Sei sofort still. Wovor hast du denn Angst? Sei still . . . sei endlich still!

Sie zog ihn zu den längs der Wand stehenden Stühlen.

– Setz dich. Setz dich hin und beruhige dich.

Černyšov ließ sich auf einen Stuhl fallen und schluchzte, das Gesicht mit den Armen bedeckt.

Zinaida Michajlovna ließ schnell den Rock herunter und setzte sich neben ihn:

– Aber was ist denn, Černyšov? Was hast du? Šereža!

Sie legte den Arm um seine Schultern.

– Genug jetzt. Hörst du? Na was, bist du ein Mädchen? Eine Erstklässlerin?

Černyšov weinte weiter.

– Schämst du dich nicht? Na komm, es reicht. Schluß. Du hast es ja selbst gewollt. Na komm, hör schon auf! Sich so gehenzulassen. Hör auf!

Sie schüttelte ihn.

Černyšov schluchzte einmal laut auf und verstummte. Zusammengekauert blieb er sitzen.

– Na siehst du ... wisch dir die Tränen ab ... heult man denn so ... ach du ...

Schluchzend wischte sich Černyšov mit dem Handrükken die Augen.

Zinaida Michajlovna strich ihm über den Kopf und flüsterte:

– Na, was. Was hat dich erschreckt? Hm? Sag. Na sag doch! Hm? Gib mir eine Antwort.

– Ich weiß nicht ...

– Glaubst du etwa, ich erzähle es allen weiter? Dummerchen. Wozu habe ich denn die Vorhänge zugezogen. Ich verspreche es dir, Ehrenwort. Ich sage es niemandem weiter. Hörst du? Niemandem. Glaubst du das? Glaubst du mir?

– Ja ...

– Wovor hattest du dann Angst?

– Ich weiß nicht ...

– Hast du immer noch Angst? Hast du wirklich Angst?

– Nein ... – schluchzte Černyšov.

Zinaida Michajlovna flüsterte ihm ins Ohr:
– Mein Ehrenwort als Parteimitglied, ich sage es niemandem. Partei-Ehrenwort! Du weißt, was das heißt, das Ehrenwort eines Parteimitglieds!
– Ja . . . weiß ich . . .
– Glaubst du mir? Hm? Sag. Glaubst du mir? Ich gebe mir die Mühe doch für dich, Dummerchen. Hinterher wirst du danke sagen. Glaubst du mir, sag?
– Hm . . . ich glaubs . . .
– Nicht – hm, ich glaubs! Sondern: Ich glaube Ihnen, Zinaida Michajlovna.
– Ich glaube Ihnen, Zinaida Michajlovna.
– Du wirst nicht mehr heulen?
– Nein.
– Versprichst du es?
– Ich versprechs.
– Gib mir dein Pionier-Ehrenwort, daß du nicht heulen wirst und es niemandem sagen.
– Pionier-Ehrenwort.
– Worauf Pionier-Ehrenwort?
– Ich werde nicht heulen und es niemandem sagen . . .
– Na also. Du hast bestimmt gedacht, daß ich mich über dich lustig mache . . . Hast du das gedacht, sag? Hast du das gedacht? Hast du nämlich, du Tolpatsch, hm? – lachte sie leise und rüttelte ihn an den Schultern.
– Ein bißchen . . . – murmelte Černyšov und lächelte.
– Bist du dumm, Černyšov. Hat dir wirklich noch kein einziges Mädchen diese Stelle gezeigt?
– M-nee . . . keins . . .
– Und du hast kein einziges Mal nett darum gefragt? Schauen zu dürfen?
– M-nee . . .
– Aber schauen möchtest du schon? Sag ehrlich, möchtest du?

Černyšov zuckte die Schultern:
– Weiß nicht . . .
– Lüg nicht. Wir spielen doch hier mit offenen Karten! Möchtest du? Antworte mir wie ein Pionier! Ehrlich! Möchtest du?!
– Na . . . ja . . .
Sie hob langsam den Rock und spreizte die drallen Beine.
– Dann schau hin . . . schau hin, dreh dich nicht weg . . .
Černyšov schaute mißtrauisch hin.
Sie zog an der auf die Stiefel gerutschten Strumpfhose und dem Schlüpfer und öffnete die Knie noch weiter.
– Schau hin. Beug dich näher ran und schau . . .
Černyšov zog die Nase hoch und beugte sich vor.
– Na, siehst du?
– Ja . . .
– Und wieso hast du am Anfang Angst gehabt? Hm?
– Ich weiß nicht . . . Zinaid Michalna . . . vielleicht lieber doch nicht . . .
– Schämst du dich nicht! Wovon hast du gerade noch gesprochen? Schau lieber hin!
Černyšov sah schweigend hin.
– Kannst du was erkennen? – sie beugte sich zu ihm. – Sonst stelle ich mich so . . .
Sie stellte sich vor ihn hin.
Černyšov sah auf ihre dicht mit schwarzen Haaren bewachsenen Leistengegend.
Darüber hing ein glatter Bauch mit einem großen Nabel in der Mitte. Auf dem Bauch zeichnete sich deutlich die Druckstelle vom Gummiband ab.
– Wenn du willst, kannst du mal anfassen . . . faß an, wenn du willst, hab keine Angst . . .
Zinaida Michajlovna nahm seine noch von den Tränen feuchte Hand und legte sie auf ihren Schamhügel.
– Faß allein an . . . na . . . faß an . . .

heraus und sah an die Decke. – Nein . . . bleib noch drin . . . so . . . stell dich hin . . . doch nicht im Sitzen!

Černyšov stand auf.

– Fühl mit der einen Hand von hinten und mit der anderen von vorne . . . so . . .

Er berührte sie mit beiden Händen.

– Ja, so! Soll ich denn bei dir auch mal hinfassen? Willst du?

– Ich weiß nicht . . . vielleicht lieber nicht . . .

– Ich weiß doch, daß du willst . . . nur mal anfassen . . . du faßt bei mir ja auch an . . . mich interessiert das auch . . .

Sie tastete nach seinem Hosenlatz, knöpfte ihn auf und schob schnell die Hand hinein.

– Siehst du . . . siehst du . . . du hast da einen kleinen . . . und wenn du groß bist . . . das heißt, wenn er groß wird . . . dann . . . dann kannst du . . . mach weiter, hab keine Angst . . . dann kannst du ihn hier ins Loch reinstecken . . . siehst du . . . jetzt ist es noch zu früh . . . warum ziehst du die Hand weg . . . mach weiter . . .

Es klingelte.

– Schluß jetzt . . . – sie richtete sich auf, zog schnell den Schlüpfer samt Strumpfhosen hoch und strich den Rock glatt.

– Schluß jetzt . . . und du sagst es niemandem? Ganz bestimmt?

– Nein, ich sage nichts . . .

– Pionier-Ehrenwort?

– Pionier-Ehrenwort.

– Das ist nämlich unser Geheimnis, nicht?

– M-hm.

– Den anderen Jungs erzählst du nichts?

– Nein.

– Und deiner Mama auch nicht?

– Nein.

– Schwöre. Heb die Hand und sag – Pionier-Ehrenwort.

Černyšov hob die schmierige Handfläche an die Stirn:

– Pionier-Ehrenwort.

Zinaida Michajlovna drehte sich zu dem Lenin-Porträt über dem Tisch:

– Partei-Ehrenwort.

Wieder ertönte die Klingel.

– Was ist jetzt, Pause oder Unterricht . . . – murmelte die Direktorin und legte die Hand an ihre glühende Wange.

– Pause . . . – sagte Černyšov.

Zinaida Michajlovna ging ans Fenster, zog die Vorhänge zurück, dann drehte sie sich zu Černyšov.

– Bin ich sehr rot?

– Nein nein.

– Nein? Na, dann lauf. Und versuch dich zu benehmen . . .

Sie schloß die Tür auf.

– Lauf . . . Halt! Mach den Hosenlatz zu.

Černyšov wandte sich ab und knöpfte die Hose zu.

– Was habt ihr jetzt?

– Naturkunde . . .

– In Raum 18?

– Ja, da oben . . .

– Na, geh.

Sie öffnete die Tür weit.

Černyšov trat über die Schwelle und rannte davon.

SERGEJ ANDREEVIČ

Sokolov legte zwei trockene Fichtenzweige nach, die Flamme erfaßte sie sofort, reckte sich in die Höhe und leckte mit zuckenden Zungen den Boden des angeräucherten Eimers, der über dem Lagerfeuer hing.

Sergej Andreevič sah zu, wie sich die Zweige in der bläulichen Flamme wanden, dann wandte er den Blick zu den Gesichtern der fasziniert ins Feuer starrenden Jugendlichen.

– Ein prächtiges Feuer, nicht wahr?

Sokolov nickte.

– Ja . . .

Die Lebedeva zuckte fröstelnd die mageren Schultern.

– Ich war eine Ewigkeit nicht mehr im Wald, Sergej Andreevič. Seit der achten Klasse.

– Warum nicht? – er nahm die Brille ab, blinzelte kurzsichtig und begann, sie mit seinem Taschentuch zu putzen.

– Hatte irgendwie keine Zeit, – sagte die Lebedeva.

– Warum bist du denn damals nicht mit uns an die Istra gefahren? – neckte sie Savčenko.

– Ich konnte nicht.

– Sag doch – ich war zu faul. Und nichts sonst.

– Ich war gar nicht faul. Ich war krank!

– Du warst überhaupt nicht krank!

– Doch!

Sergej Andreevič hob besänftigend seine schmale Hand mit den feinen mageren Fingern:

– Komm, Leša, laß Lena in Frieden . . . Schaut euch lieber um, was für eine phantastische Umgebung. Horcht mal.

Die Jugendlichen sahen sich um.

Das zuckende Feuer erleuchtete die dunklen Silhouetten der Büsche und jungen Birken. Etwas entfernt stand die unbewegte schwarze Wand des hohen Mischwaldes, und darüber hing im hellen Sternenpulver ein großer leuchtender Mond.

Es herrschte vollkommene nächtliche Stille, unterbrochen nur vom Prasseln des Feuers. Es roch nach Fluß, Fäulnis und verbrannten Tannennadeln.

– Klasse . . . – sagte der lockige, breitschultrige Eliseev gedehnt und streckte sich, – genau wie in »Dersu Uzala«.

Sergej Andreevič lächelte, und um seine jungen, hinter den dicken Brillengläsern versteckten Augen bildeten sich kleine Fältchen.

– Ja, Kinder, der Wald ist ein staunenswertes Stück Natur. Das achte Weltwunder, wie Mamin-Sibirjak sagte. Den Wald wird man niemals leid, er wird niemals langweilig. Und was für Schätze es im Wald gibt! Sauerstoff, Nutzholz, Zellulose! Und die Beeren, und die Pilze! Eine wahre Vorratskammer. Ohne den Wald geht es dem Menschen schlecht. Man kann gar nicht normal leben ohne diese Schönheit . . .

Er schwieg und sah auf die unbewegte Wand des Waldes. Auch die Jugendlichen schauten.

– Der Wald ist natürlich gut, Sergej Andreevič, – brummte Eliseev und lächelte, – aber die Technik ist doch besser.

Er klopfte an seinen umgehängten Kassettenrecorder.

– Ohne Technik macht man heute keinen einzigen Schritt mehr.

Sergej Andreevič wandte sich zu ihm und sah ihn aufmerksam an:

– Die Technik . . . Nun, freilich, Vitja, die Technik hat dem Menschen ohne Zweifel sehr viel gegeben. Doch ich glaube, das Wichtigste ist, daß sie dir nicht den Menschen selbst verstellt, ihn nicht in den Hintergrund drängt. Der Wald wird so etwas niemals tun.

Die Jugendlichen sahen zu Eliseev.

Der schob die Unterlippe vor und zuckte die Schultern.

– Na ja . . . ich meine bloß . . . Einfach . . .

– Du bist einfach versessen auf deine Popmusik, das ist alles! – unterbrach ihn die Lebedeva. – Ohne diesen Kasten kannst du keinen Schritt machen.

– Na und, ist das schlimm? – er sah sie mürrisch an.

– Schlimm nicht, schädlich, – lachte sie, – du wirst taub und wirst im Institut nicht angenommen!

Alle Jugendlichen lachten.

Sergej Andreevič lächelte.

– Na na, Lebedeva, nimm dich in acht . . .

– Er macht aber auch ein Brimborium darum, Sergej Andreevič . . .

– Und was gehts dich an? – brummte Eliseev, – du kannst ja ohne dein Konservatorium auch nicht leben . . .

– Aber das ist schließlich das Konservatorium, du Spinner! Bach, Haydn, Mozart! Nicht diese plärrenden fransigen Typen.

– Selber fransig.

Sergej Andreevič nahm Eliseev behutsam an der Schulter.

– Na komm, Vitja, genug. Du willst doch am Moskauer Aviatik-Institut studieren. Piloten müssen sich beherrschen können.

– Ich werde gar nicht Pilot, sondern Konstrukteur, – murmelte Eliseev mit rotem Kopf.

– Um so mehr . . . Wißt ihr was, Freunde, wir sollten das klare Wetter nutzen und ein bißchen Astronomie wiederholen.

Sergej Andreevič stand auf, trat ein paar Schritte zurück und schaute, die Hände in die Taschen der leichten Jacke gebohrt, in den Himmel.

Er war dunkelviolett, die Sterne leuchteten ungewöhnlich hell und schienen ganz nah. Der Rand des blendendweißen Mondes war leicht gezackt.

– Besser und anschaulicher als jede Karte, – meinte Sergej Andreevič leise und rückte mit einer schnellen lakonischen Bewegung seine Brille zurecht. – Aaaal-so . . . Was ist das für ein vertikales Sternbild da hinten?

Er zeigte mit dem ausgestreckten Arm nach oben.

– Na, wer traut sich? Oleg?

– Haupthaar der Berenike? – murmelte Zajcev unsicher.

Sergej Andreevič schüttelte verneinend den Kopf.

– Das wäre weiter rechts und höher. Dort, hinter den Jagdhunden . . . Vitja?

– Kassiopeia! – sagte Eliseev laut, die Hände in den Jeanstaschen und den Kopf nach hinten gelegt. – Eindeutig, Kassiopeia.

Sokolov neben ihm lächelte.

– Fünf minus –, sagte Sergej Andreevič und machte eine schnelle Handbewegung, – da ist deine Kassiopeia, neben Kepheus.

Die Lebedeva lachte auf.

Eliseev kratzte sich im Nacken und zuckte die Schultern.

– Aber irgendwie ähneln sie . . .

– Dir! – kicherte die Lebedeva und gab ihm, hinter dem Rücken Sokolovs hervor, leicht eins auf den Hinterkopf.

– Die ist ja nicht normal, – lachte Eliseev.

Sergej Andreevič wandte sich zu den Jugendlichen.

– Weiß es denn keiner? Dima?

Savčenko schüttelte stumm den Kopf.

– Lena?

Die Lebedeva zuckte seufzend die Schultern.

– Nach den Prüfungen ist in meinem Kopf einfach alles durcheinandergeraten, Sergej Andreevič, – sagte Zajcev gedehnt.

Eliseev grinste und schob mit dem Fuß einen Zweig ins Feuer zurück.

– Bei den einen ist alles durcheinandergeraten und bei den anderen alles rausgeflogen. Wie in einem Windkanal . . .

Die Jugendlichen lachten.

– Aber Miša weiß es ganz bestimmt, das sieht man seinen Augen an, – sagte die Lebedeva und schielte zu Sokolov.

Der schaute verlegen ins Feuer.

Sergej Andreevič sah in das schmale, ruhige Gesicht.

– Ja, Miša?

– Ja, Sergej Andreevič. Es ist das Sternbild der Schlange.

– Ge-nau, – der Lehrer nickte bestätigend, – ausgezeichnet. Und über der Schlange ist was?

– Nördliche Krone, – sagte Sokolov verhalten in die vollkommene Stille.

– Richtig. Die Nördliche Krone. Darin gibt es einen Stern erster Ordnung. Und was für ein Sternbild ist das hier links?

– Herkules.

– Und rechts?

– Bärenhüter.

Sergej Andreevič lächelte.

– Eins plus.

Eliseev schüttelte den Kopf.

– Miška, du bringst es. Echt wie Giordano Bruno.

Sokolov sah in den Himmel und zupfte am Saum seiner Jacke.

Das Teewasser kochte, sprudelte über den Eimerrand und lief zischend ins Feuer.

– Ach je, wir haben geschlafen! – Eliseev sprang auf und griff nach dem einen Ende des Querstocks, an dem der Eimer hing. – Komm, Oleg, schnell runter!

Zajcev faßte das andere Ende.

Zu zweit hoben sie den Eimer vom Feuer und stellten ihn vorsichtig ins aschebestreute Gras.

Sergej Andreevič kam dazu und beugte sich über den Eimer.
– Aha. Es kocht. Machen wir Tee.
Die Jugendlichen streuten den Tee aus mitgebrachten Päckchen ins Wasser.
– Vielleicht geben wir die Kondensmilch gleich dazu, oder? – die Lebedeva sah fragend auf.
– Warum nicht, gute Idee, – der Lehrer nickte.
Eliseev holte zwei Dosen aus dem Rucksack und kramte nach dem Öffner. Die Lebedeva rührte inzwischen mit einem frischgeschnittenen Stöckchen im Eimer. Rasch waren die Dosen geöffnet, und Eliseev kippte sie über dem Eimer aus. In zwei zähen weißen Streifen zog sich die Milch nach unten . . .
Bald schlürften die Jugendlichen und der Lehrer genüßlich den süßen, aromatischen Tee aus ihren Bechern.
Eine feuchte Nachtbrise bewegte die Flamme des verglimmenden Feuers und trug den Geruch des Flusses herüber. Die verlöschenden Flämmchen tanzten auf der Bernsteinbrust der Kohlen, zappelten, verschwanden und flackerten wieder auf.
– Der richtige Moment für die Kartoffeln, – bemerkte Zajcev zwischen zwei Schlucken Tee.
– Genau, – stimmte Eliseev zu und stocherte, vor der Hitze blinzelnd, mit einem Stock in den Kohlen. Sergej Andreevič trank den letzten Schluck und stellte den Becher auf einen Baumstumpf:
– Ja, Lena, und du willst wohl an die Textilfachschule?
Der Becher der Lebedeva blieb vor ihren Lippen stehen. Lena sah den Lehrer an, dann ließ sie den Becher sinken und wandte die Augen zum Feuer.
– Wissen Sie, Sergej Andreevič . . . ich . . .
Sie holte tief Luft und sagte fest:
– Ich habe beschlossen, in die Textilfabrik zu gehen.

Die Jugendlichen sahen sie schweigend an.

Der mit den Kohlen beschäftigte Eliseev brummte erstaunt:

– Na, du zeigst es uns aber. Die Beste, und dann ans Fließband. Spulen haspeln ...

– Was geht das dich an, – unterbrach ihn die Lebedeva. – Ja, ich gehe als einfache Weberin in die Fabrik. Um die Produktion am eigenen Leibe zu erfahren. Den Preis meiner Einsen kenne ich.

Eliseev zuckte die Schultern.

– Aber dann könntest du ein Fern- oder Abendstudium machen, wenn du arbeiten willst ...

– Ich denke, ich arbeite besser ein Jahr durch und studiere dann. Dann fällt mir das Studieren leichter, und ich weiß mehr vom Leben. In unserer Familie waren alle Frauen Weberinnen. Meine Großmutter, meine Mutter, meine Schwester ...

– Richtig, Lena, – Zajcev nickte, – mein Onkel hat mir von jungen Ingenieuren erzählt. Die studieren fünf Jahre und haben keine Ahnung vom Betrieb ...

Sergej Andreevič sah der Lebedeva verständnisvoll in die Augen.

– Alle Achtung. Anschließend wirst du um so besser studieren. Und ein Jahr in der Fabrik, das ist sehr nützlich. Ich habe seinerzeit auch, ehe ich an die Moskauer Universität ging, ein Jahr als einfacher Laborant im Observatorium gearbeitet. Darum kam ich dann in den praktischen Übungen besser zurecht als die anderen.

Eliseev kratzte sich im Nacken:

– Dann sollte ich vielleicht auch erst mal als Laborant in der Aerodynamischen Versuchsanstalt anfangen?

Zajcev, der neben ihm saß, schlug ihm auf die Schulter.

– Genau, Vitek. Du wirst statt des Flugzeugs im Windkanal stehen.

Die Jugendlichen lachten.

– Dann werden ihm die Kassettenrecorder-Grillen ausgeblasen, – lachte die Lebedeva lauter als alle anderen und löste neues Gelächter aus.

Eliseev fuchtelte mit den Händen.

– Hört doch auf mit dem Gebrüll! Ihr benehmt euch wie Verrückte ... Legt lieber die Kartoffeln ins Feuer, sonst werden die Kohlen kalt ...

Die jungen Leute holten die Kartoffeln aus ihren Rucksäcken und warfen sie in die Kohlen.

Eliseev vergrub sie geschickt mit dem Stöckchen.

Savčenko beugte sich über den leeren Eimer:

– Wie, ist der Tee schon alle?

– Es war ja nur wenig, nur der halbe Eimer. Der Rest ist verdampft ...

– Jungs, geht doch einer von euch Wasser holen! – bat die Lebedeva laut. – Wir setzen neuen Tee auf.

Sergej Andreevič griff nach dem Eimer.

– Ich gehe.

Sokolov, der neben ihm stand, streckte die Hand aus:

– Sergej Andreevič, lassen Sie lieber mich ...

– Nein, nein, – der Lehrer hob beschwichtigend die Hand, – mir sind die Beine eingeschlafen. Ich sitze schon zu lange.

– Darf ich dann mit Ihnen gehen? Es ist doch ein ganzes Stück zu tragen ...

Der Lehrer lächelte:

– Na dann. Komm.

Sie gingen in Richtung Wald.

Das niedrige Junigras raschelte weich unter ihren Füßen, der Eimer in Sergej Andreevičs Hand klapperte leicht.

Große, vom Mond scharf ausgeleuchtete Büsche umgaben sie von allen Seiten, sie mußten im Zickzack laufen und die feuchten Zweige vor den Gesichtern zur Seite biegen.

Sergej Andreevič ging ohne Eile voran und pfiff leise und melodisch.

Als sie in den Wald kamen, wurde es kühl, der Eimer schepperte lauter.

Sergej Andreevič blieb stehen und legte den Kopf in den Nacken:

– Schau, Miša.

Sokolov hob den Kopf.

Oben fiel Mondlicht in mattweißen Streifen durchs Dikkicht des leise säuselnden Grüns, der Mond selbst blinkte durch den Wipfel einer hohen Fichte. Streifen des milchigen Lichts lagen schräg auf den Stämmen, tauchten Rinde und Blätter in Silber.

– Zauberhaft, – flüsterte der Lehrer und rückte seine Brille zurecht, in deren dicken Gläsern geisterhaft der Mond spielte.

– So etwas habe ich lange nicht mehr gesehen. Und du?

– Ich auch nicht, – murmelte Sokolov hastig und fügte hinzu: – Wie hell der Mond ist . . .

– Ja. Gerade Vollmond vorbei. Jetzt sieht man ihn im Refraktor wie auf der flachen Hand . . .

Sergej Andreevič ergötzte sich schweigend am Anblick des Waldes und hatte den Eimerbügel in seiner Hand vollkommen vergessen.

Nach einiger Zeit fragte Sokolov:

– Sergej Andreevič, wird sich denn unsere Klasse jedes Jahr treffen?

– Natürlich. Warum, hast du schon Sehnsucht?

– Das nicht, – Sokolov kam ins Stocken. – Aber . . . ich . . .

– Was? – der Lehrer drehte sich zu ihm um.

– Ich . . .

Er schwieg und zupfte an einem Haselzweig, dann sagte er plötzlich:

– Sie ... Sie haben so viel für mich getan, Sergej Andreevič ... und dann die Arbeitsgruppe, deswegen habe ich Gefallen an der Astronomie gefunden ... Und jetzt – der Abschluß und vorbei. Natürlich, ich weiß ja, wir müssen selbständig werden, aber trotzdem ... ich ...

Er verstummte und sagte dann schnell mit leicht zitternder Stimme:

– Vielen Dank für alles, Sergej Andreevič ... Ich ... ich ... werde mein Leben lang nicht vergessen, was Sie für mich getan haben. Niemals! Sie ... Sie sind ... ein großer Mensch.

Er ließ den Kopf sinken.

Seine Lippen zitterten, seine Finger zerdrückten krampfhaft die rauhen Haselblätter.

Sergej Andreevič legte ihm zögernd die Hand auf die Schulter:

– Aber, aber, Miša ...

Eine Minute lang standen sie schweigend.

Dann fing der Lehrer zu sprechen an, leise und sanft:

– Große Menschen, Miša, gibt es sehr wenige. Ich bin kein großer Mensch, ich bin ein einfacher Oberschullehrer. Wenn ich dir wirklich irgendwie geholfen habe, bin ich sehr zufrieden. Ich danke dir für die warmen Worte. Du bist ein begabter Junge, und ich glaube, aus dir wird ein guter Wissenschaftler. Und traurig brauchst du nicht zu sein. Vor dir liegt ein neues Leben, neue Menschen, neue Bücher. Das ist doch kein Grund zur Schwermut. – Er klopfte Sokolov auf die Schulter.

– Es ist alles in Ordnung. Eure Klasse hält zusammen. Wir werden uns jedes Jahr treffen. Und zu mir kannst du jederzeit kommen. Ich freue mich immer über dich.

Sokolov hob freudig den Kopf:

– Wirklich?

– Ja, wirklich, – lachte Sergej Andreevič und gab ihm

einen leichten Schubs, – komm, gehen wir, sonst kriegen die Jungs ihren Tee überhaupt nicht mehr.

Sie liefen durch den geisterhaft erleuchteten Wald.

Der Eimer quietschte wieder, Äste knackten unter ihren Füßen.

Sergej Andreevič ging voran und drückte vorsichtig die weichen Zweige der Büsche beiseite.

Der Wald öffnete sich und endete an einem steilen Hang mit unregelmäßigen, buschbewachsenen Rändern.

Unten glänzte das schmale Band des Flusses, eingeschnürt vom dichten Gestrüpp üppig wuchernden Binsengrases.

Am anderen Ufer zog sich niedriges Gehölz hin, und erst in der Ferne erhob sich das dunkle Massiv eines Kiefernwalds.

Sergej Andreevič blieb vor dem Abhang stehen und genoß schweigend den Blick, dann schritt er aus und lief gewandt den steilen sandigen Pfad hinab zum Fluß.

Sokolov lief hinter ihm her.

Am Fluß war der Sand feucht und schwer.

Sergej Andreevič trat auf einen im Wasser liegenden Stamm und tauchte den Eimer ein:

– So . . .

Linker Hand flatterte aus den dichten Binsen eine Schnepfe auf und flog mit einem Pfiff davon.

– Wunderschön! – sagte der Lehrer und stellte den Eimer in den Sand, – das bedeutet für mich Natur, Miša . . .

Er schwieg, dann schob er die Hände in die Jackentaschen und fuhr fort:

– Was für eine Harmonie hier herrscht! Wie durchdacht alles ist. Hier ist nichts willkürlich. Von der Natur, von ihr müssen wir lernen. Wenn ich nicht einmal im Monat hier herausfahre, kann ich, offen gestanden, gar nicht arbeiten . . .

Er schaute in die Ferne.

Der Kiefernwald reichte bis zum Horizont und verschwamm in einem rosa Dunst, der den Nachthimmel im Osten erhellte.

Sokolov sagte leise:

– Mir gefällt es hier auch sehr, Sergej Andreevič. Ich komme ganz bestimmt wieder!

– Mach das, – der Lehrer nickte, – hier sammelst du irgendwie Kraft. Seelische Reinheit. Als ob du aus einem Zauberbrunnen lebenspendendes Wasser trinkst. Und dieses Wasser, Miša, reinigt die Seele. Aller Ärger, alle Last, alle Sorgen – versickern in diesem Sand . . .

Er griff nach dem Eimer und stieg den rieselnden Sandweg hinauf.

Oben streckte Sokolov die Hand nach dem Eimer aus:

– Kann ich jetzt tragen, Sergej Andreevič?

– Gut, – lächelte der Lehrer, gab ihm den Eimer und fügte hinzu: – Geh schon vor, ich komme nach. Ich möchte noch ein wenig Waldluft atmen . . .

Sokolov übernahm den schweren Eimer und schlug den Waldweg ein.

Sergej Andreevič blieb oberhalb des Abhangs stehen, verschränkte die Arme vor der Brust und schaute vor sich hin.

Nach etwa zwanzig Schritten sah sich Sokolov um.

Die unbewegte Silhouette des Lehrers stand deutlich zwischen den Stämmen. Sokolov ging einen Schritt zur Seite, setzte den Eimer ab und stellte sich hinter eine junge Fichte.

Der Lehrer verharrte noch ein paar Minuten, dann ging er etwas seitlich in den Wald.

Zwischen zwei dicht stehenden Birken machte er Halt, schnallte den Gürtel auf, ließ die Hosen herunter und ging in die Hocke.

Ein breiter Streifen Mondlicht fiel auf ihn, beleuchtete seinen Rücken, den Kopf und die im Schoß gekreuzten Arme.

Der schwache, unterbrochene Ton austretender Gase war zu hören, Sergej Andreevič senkte den Kopf, stöhnte leise, und wieder drang der Ton an Sokolovs Ohr, lauter diesmal, doch weniger lang.

Sokolov sah hinter der Fichte hervor und zerbrach einen jungen Zweig mit den Fingern.

In seinem Rücken schrie langgezogen ein Vogel.

Nach einiger Zeit richtete sich Sergej Andreevič ein wenig auf, streckte die Hand aus, riß mehrere Blätter von einem Nußbaum, wischte sich ab, zog die Hosen hoch, schloß den Gürtel und ging pfeifend in die Richtung, wo zwischen den Stämmen das gelbe Licht des Feuers schimmerte.

Er schritt schnell und sicher aus, Äste knackten, die Brillengläser funkelten. Schnell verschwand seine hagere Figur in der Dunkelheit des Waldes, und bald darauf war auch der Ton des leisen Pfeifens verflogen.

Sokolov stand noch ein wenig im Dunkeln und lauschte, dann nahm er den Eimer und setzte sich in Bewegung.

Beim Übersteigen eines gefällten Baumes machte er eine unvorsichtige Bewegung, und kaltes Wasser schwappte auf seinen Schuh.

Er nahm den Eimer in die andere Hand, machte einen Bogen um eine ausladende Fichte und näherte sich den beiden dicht stehenden Birken.

Mondlicht lief über ihre Stämme und ließ ihre Rinde vor den dunklen Fichten leuchten.

Sokolov ging zwischen den Birken hindurch und blieb stehen. Vor ihm lag eine kleine, mondbeschienene Lichtung. Das niedrige Gras funkelte von Tau, die Blätter des Nußbaums schienen silbriggrau.

Über der Lichtung stand der kaum spürbare Geruch frischen Kots.

Sokolov sah sich nach allen Seiten um.

Starr ragten die dunklen Silhouetten der Bäume auf.

Er sah auf den Boden, machte ein paar Schritte, stellte den Eimer ab und ging in die Hocke.

Ein kleines Häufchen Kot lag im Gras, fettig glänzend. Sokolov ging mit dem Gesicht heran. Der Kot strömte einen starken Geruch aus. Sokolov nahm eines der aneinanderklebenden Würstchen. Es war warm und weich. Er küßte es und biß gierig hinein, wobei er sich Lippen und Finger beschmierte.

Wieder schrie irgendwo in der Ferne ein Nachtvogel.

Sokolov nahm die beiden anderen Würstchen und aß sie, mal vom einen, mal vom anderen abbeißend, schnell auf.

Im Wald war es still.

Er sammelte die letzten weichen Krümel und wischte sich sorgfältig die Hände am Gras, dann setzte er den Eimer an und trank in großen Schlucken.

Das schwarze, bodenlose Wasser schwankte vor seinem Gesicht, und mit ihm schwankten der Mond und die kopfstehenden Sternbilder.

Sokolov trank gierig, die schwitzenden Handflächen um den kalten Eimer gelegt, und sah zu, wie das vertikale Stäbchen des Sternbildes der Schlange riß und in Lichtflecke zerfiel.

DER OBELISK

Der Linienbus Ljulinovo-Brjansk bog von der regennassen Chaussee zur Haltestelle Možaevo ab und kam nach kurzem Manövrieren zum Stehen.

Der Fahrer öffnete die breite, lukenähnliche Tür und trabte, den Kopf mit einer zusammengefalteten Provinzzeitung bedeckt, auf das unansehnliche einstöckige Haltestellengebäude zu, nicht ohne den Passagieren im Laufen noch ausgelassen zuzurufen:

– Ich bitte zum Spaziergang! Fünf Minuten Aufenthalt!

Er war jung, voller Energie und hatte noch nicht die Lust verloren, mit seinen Passagieren zu scherzen.

Die Passagiere wußten das zu schätzen und beobachteten lächelnd durch die regennassen Fensterscheiben, wie er fröhlich brummelnd über die Pfützen sprang, die braune Tür erreichte und hinter ihr verschwand.

Im Innern des Busses war es kühl, die Menschen waren erst zwei Stunden unterwegs und noch nicht müde. Aber keiner der Passagiere dachte natürlich an einen Spaziergang – der eine kaute irgendwas, der andere unterhielt sich leise mit seinem Nachbarn; ein weißblondes fünfjähriges Zwillingspaar tobte ausgelassen auf der breiten Rückbank.

Plötzlich erhoben sich auf der linken Seite zwei Frauen von ihren Plätzen – die eine füllig und bejahrt, die andere etwa siebenundvierzig Jahre alt. Es waren Mutter und Tochter, die von Žizdra nach Brjansk fuhren.

Die Tochter war hochgewachsen, kräftig gebaut und schweigsam, ihr Gesicht war blaß und unauffällig.

Die Mutter war das vollkommene Gegenteil ihrer Tochter.

Es gibt unter den russischen Frauen jenen allseits bekannten Typ der alten Bäuerin, die im kräftezehrenden Kampf mit der Natur und den schweren Zeiten ihr ganzes Leben für ihre Kinder gegeben hat. In dem riesigen Bauernland in den harten Zeiten der Revolution und des Bürgerkriegs geboren, nahmen diese Frauen schon mit zwanzig Jahren die schwere Bürde der bäuerlichen Mutterschaft auf ihre mädchenhaften Schultern und waren von Stund an in jenes harte Leben eingespannt, das nichts als Entbehrungen und unausgesetzte schwerste Arbeit kennt, wie sie nur echte Bäuerinnen zu ertragen vermögen. Nach den grimmigen Zeiten der Kollektivierung, nach dem Verlust von Lieben und Anverwandten im Stalinschen Krieg gegen das Volk hatten sie den bitteren Kelch der Kriegs- und Nachkriegsjahre zu leeren und ruhten nicht eine Minute in ihrem gerechten Kampf für das Leben und für die Kinder.

Auch jetzt, dem Lebensende nahe, unter ewiger Arbeit gealtert, bewahren sie in ihren abgearbeiteten Händen, in den runzligen, verwitterten Gesichtern die ewige Erinnerung an diesen Kampf.

Und dennoch sind es nicht diese Hände und diese Runzeln, die uns an ihnen verblüffen, sondern ihr ganzer Charakter. Wie haben sie sich diese Güte und diese Anteilnahme bewahrt, diese Heiterkeit des Gemüts und diese Seelengröße? Woher kommt all die Energie und Unbändigkeit in diesen geschundenen, vom Leben gebeutelten Körpern? Was half ihnen, standzuhalten und zu überleben, ohne in der Seele zu verhärten, ohne an menschlicher Güte zu verlieren? Viele Passagiere stellten sich wahrscheinlich diese Frage beim Anblick der alten, grauhaarigen Frau, der Mutter eben jener Provinzlerin. Man konnte sie beim besten Willen nicht als Greisin bezeichnen, ihr jugendlicher, lebensfroher Charakter ließ das nicht zu. Ganz im Gegensatz zu ihrer schweigsamen, apathischen Tochter: Sie war es, die älter wirkte, gleichgültiger dem Leben gegenüber. Polina Timofeevna (so hieß nämlich die alte Frau) hatte in den zwei Stunden Wegs noch kein Auge zugetan; sie scherzte mit ihren Nachbarn, erzählte der Tochter die letzten Neuigkeiten aus dem Dorf, bewirtete die Zwillinge mit Käsekuchen, und dem Fahrer brachte sie einen großen rotwangigen Apfel mit den Worten:

– Iß, Söhnchen, laß es dir schmecken, und fahr uns gemächlich.

Worauf der fröhliche Busfahrer antwortete:

– Danke, Mamachen, ich bring euch zum Ziel, wie sich's gehört!

Schon wußte gut die Hälfte der Passagiere, daß Polina Timofeevna kaum weniger als siebzig Jahre in ihrem Dorf Kolčino gelebt und neun Kinder in Gottes weite Welt geboren hatte, von denen sie zwei verlor im schrecklichen hungrigen sechsundvierziger Jahr, als man im Kolchos für die Striche im schmierigen Arbeitsbuch arbeitete und Brot aus Kartoffelschalen und zerstoßenen Lindenblättern buk.

Die Mitreisenden wußten, daß die alte Frau zu ihrem Sohn Sergej fuhr, zu Sjarežka, wie sie ihn nannte, daß Sjarežka in Brjansk wohnte, daß er als Werkstattleiter in der Brjansker Maschinenbaufabrik arbeitete, daß er »eine ordentliche Familie hat und nur die Kinder als verwöhnte Bengel aufwachsen, weil keiner da ist, der sie an die Kandare nimmt«.

Während sie das sagte, schob sie mit schnellen, routinierten Bewegungen ihr blau-weiß getüpfeltes Kopftuch zurecht und lächelte, womit sie zu verstehen gab, daß sie ganz und gar nicht zu Sjarežka fuhr, um ihre Enkelkinder »an die Kandare zu nehmen«.

– Socken hab ich ihnen für drei Jahre im voraus gestrickt, hab einen großen Lebkuchen gebacken, Marmelade gekocht, sollen sie sich sattessen! – sagte sie zu ihrer vorderen Nachbarin mit jener Offenherzigkeit und Geradheit, zu der Stadtbewohner – o weh – gar nicht fähig sind.

Und es war, als nähmen ihre lebhaften Erzählungen, Erinnerungen und Ratschläge kein Ende, doch plötzlich, kaum daß sie die Brücke überquert hatten und die ordentlichen Häuschen von Možaevo vor ihnen auftauchten, war Polina Timofeevna wie ausgewechselt: Das Lächeln war von ihrem gebräunten Gesicht verschwunden, sie verstummte und schien augenblicklich gealtert.

Zuerst schauten die Mitreisenden einander an – hatte jemand die alte Frau gekränkt? Doch als sie begriffen hatten, daß es das nicht war, beruhigten sie sich; wie kann man ungebeten in eine fremde Seele dringen . . .

Polina Timofeevna machte sich unterdessen wie zum Aussteigen bereit: Sie zog eine alte Plüschjacke über, schob ihr Kopftuch zurecht, nahm ihre altgediente, ausgebeulte Tasche auf den Schoß und begann, flink zwischen den Päckchen zu kramen. Die wortkarge blasse Tochter versuchte vom selben Moment an, die Mutter vom Aussteigen abzubringen:

– Mama, warum denn schon wieder? Ihr wart doch gerade erst, – sagte sie mit einer monotonen, leicht gereizten Stimme, die ebenso farblos war wie sie selbst. – Es regnet doch, und da wollt Ihr los. Wir halten hier nur fünf Minuten, der Bus wird wieder nicht auf Euch warten.

– Und wenn schon, Gott mit ihm, – murmelte die alte Frau und zog zwei kleine Päckchen aus der Tasche.

– Mama, aber wozu denn? Wozu sich jedesmal die Seele vergiften? Mama, laßt uns hierbleiben.

– Weißt was, Mädel, du schulmeisterst mich nicht, – sagte Polina Timofeevna fest, nahm die Tasche in die eine Hand, die Päckchen drückte sie mit der anderen an ihre Plüsch-Brust und strebte durch den engen Gang zur Tür.

Die Tochter knöpfte seufzend ihren altmodischen blauen Mantel zu, griff nach der anderen Tasche und folgte der Mutter.

Sie traten in dem Moment auf den nassen Asphalt, als der Fahrer, der in dem unansehnlichen Gebäude sein Routenblatt abgezeichnet hatte, über eine Pfütze sprang und den Bus erreichte.

– Na, ihr wollt wohl einen Spaziergang machen? – rief er den Frauen fröhlich zu, doch als er ihre ernsten Gesichter bemerkte, fragte er: – Ist etwas passiert?

– Neinnein, Söhnchen, – antwortete Polina Timofeevna, – da hinten liegt unser Vater. Wir gehen ihn besuchen. Und wenn wir zu spät kommen, wart nicht auf uns, fahr. Da ist's nicht mehr weit, wir kommen alleine hin.

Der Fahrer sah zu dem kleinen Lindenhain an der Chaussee hinüber. Er verstand. Sein Gesicht wurde ernst.

– Beim Stern?

Die alte Frau nickte und faßte die Tasche bequemer.

Der Fahrer ließ den Blick vom Hain zu seinem Bus wandern und fragte:

– Sind euch fünfzehn Minuten genug?

Polina Timofeevna und die Tochter sahen einander unsicher an:

– Ja, natürlich, – sagte die Tochter.

– Na also. Geht ruhig, ihr braucht euch nicht zu beeilen. Ich warte auf euch, bei einer solchen Angelegenheit. Mein Fahrplan ist vernünftig, unterwegs holen wir wieder auf.

– Danke, Söhnchen, Gott gebe dir Gesundheit, – Polina Timofeevna neigte den Kopf zur Seite.

– Kleinigkeit . . . – er drehte sich um und stieg in den Bus.

Die Frauen gingen schnell in Richtung Hain.

Leichter Sprühregen fiel, ringsum war alles naß, auf der Chaussee fuhren wenige Autos vorbei.

– Mama, gebt mir doch wenigstens die Tasche! – rief die Tochter von hinten, doch Polina Timofeevna ging weiter bis zum Hain, ohne sich umzudrehen oder zu antworten.

Der Hain bestand aus acht jungen Linden, die um einen kleinen Platz gepflanzt waren. Der Platz war von einem weißen, drei Backsteine hohen Mäuerchen umgeben und mit Kieselsteinen ausgeschüttet. In seinem Zentrum stand in einem kleinen Beet ein großer, fast mannshoher fünfzackiger Stern. Er bestand aus geschweißten Stahlplatten und war mit Silberbronze lackiert. In seinem Zentrum prangte eine vernickelte quadratische Metallplatte mit der Inschrift:

Hier starben am 7. August 1943
im Kampf um das Dorf Možaevo
den Heldentod
die Soldaten der Aufklärungskompanie
des 114. Infanterieregiments
I. N. Govoruchin
V. I. Nosov
N. N. Bytko
I. I. Kolomiec
E. B. Samsonov

Polina Timofeevna trat zum Beet, stellte die Tasche auf dem Kies ab, legte die Päckchen darauf, bekreuzigte sich und sprach mit gesenktem Kopf:

– Grüß dich, Koljuška!

Die Tochter kam von hinten heran und stellte sich neben die Mutter. Ihre Tasche setzte sie nicht auf dem Kies ab, sondern behielt sie in der Hand.

Die alte Frau schob ihr Kopftuch zurecht und verschränkte die Arme vor dem Leib.

– Ja, ja ... – seufzte sie, – da liegt er, unser Herzliebster.

Sie verstummte.

Der feine Regen rieselte ringsum kaum hörbar, von den Linden fielen große, laute Tropfen in die Pfützen. Das Gras und die Blumen auf dem Beet glänzten feucht.

– Und da liegst du, Kolenka, und liegst, – sprach die Alte und fiel in einen langgezogenen, singenden Wimmerton, – da liegst du, Koljuška, liegst du, mein Goldstück. Und was sollen wir da tun, was sollen wir bloß tun, gar nichts können wir tun. Und hier sind zu dir zu Besuch gekommen deine Frau Polina und deine liebe Tochter Marusja, da sind wir dich hier besuchen gekommen, wie du da liegst. Und wie können wir denn ohne dich leben, und wie ist uns alles schwer ohne dich. Und was gehst du uns im Kopf herum, und was trauern wir immer noch. Und wie kannst du nur so liegen, Koljuška, ganz allein ohne uns, so liegst du einfach da. Und wir denken an alles, Koljuška, und alles bewahren wir, unser Goldstück du. Wir bewahren dein Vermächtnis, Koljuška, und werden es weiter bewahren, unser Goldstück du. Und wir denken an alles, Koljuška, ich denke an alles, ich denke daran, wie du uns das Vermächtnis gelehrt hast, wie du uns dein Vermächtnis gelehrt hast. Und wir denken daran, und wir haben alles nach deinem Vermächtnis getan und wie du es uns gemacht hast, wie sich's gehört, und wir denken an alles. Und wir denken daran, wie du alles, wie sich's gehört, nach dem Vermächtnis getan hast, und wie wir alles nach dem Vermächtnis getan haben, und wie wir auch jetzt alles nach deinem Vermächtnis tun, wie du uns immer befohlen hast. Und auch hier dein Töchterchen Marusja, alles tun wir beide nach deinem Vermächtnis, tun alles wie sich's gehört, und das heilige Kreuz schlag ich vor dir, alles tun wir, wie du befohlen hast. Und hier dein Töchterchen Marusja, sie wird dir auch erzählen, wie sie alles nach deinem Vermächtnis tut, daß du jetzt ruhig schlafen kannst . . .

Polina Timofeevna wischte sich mit zitternden Fingern die Tränen ab und sah ihre Tocher an. Die ließ nach einigem Zögern ihre Tasche auf den Kies sinken, verschränkte die Arme vor dem Leib, senkte rasch das gerötete Gesicht und begann mit unsicherer, bebender Stimme:

– Ich . . . ich bereite jeden Monat den Kotsaft, Papachen, mein liebes, ich nehme jeden Monat deine Blechkanne, die Blechkanne, wie du mich geheißen hast. Und am zweiten jeden Monats wische ich sie mit deinem Handschuh aus. Und dann, jedesmal dann, wenn mein Mütterchen, mein liebes, sich erleichtern will, dann . . . dann wasche ich ihr über der Schüssel das Arschloch, und dann lutsche ich aus ihrem Arschloch, lutsche ordentlich und laß es in die Kanne laufen . . .

– Und sie lutscht, Koljuška, ordentlich, sie lutscht ja ordentlich aus meinem Arschloch und läßt es in die Kanne laufen, wie du es sie als Sechsjährige gelehrt hast! – fiel Polina Timofeevna unter Beben und Schluchzen ein. – Sie lutscht mich und hat mich gelutscht, Koljuška, und mein Lieber du, sie hat mich gelutscht und wird mich lutschen ewiglich!

– Dann . . . dann lutsche ich jeden Tag, dann, wenn mein Mamachen mein liebes sich erleichtern will, lutsche ich aus ihrem Arschloch auf ewig . . . – fuhr die Tochter fort, ließ den Kopf noch tiefer sinken und begann zu zittern. – Und dann, wenn die Blechkanne voll ist, dann stelle ich sie auf deine Dachbank, in die Sonne, daß viele Fliegen kommen und daß die Würmer sich einstellen . . .

– Und daß die Würmer, viele weiße Würmer sich einstellen. Daß die Würmer sich einstellen, wie sich's gehört, wie du befohlen hast, Koljuška! – jammerte die Alte.

– Und dann warte ich, bis sich die Würmer eingestellt haben, und umwickle die Kanne mit deinem Leibhemd, und dann steht sie in deiner Ecke und mit den Würmern . . .

– Und mit den Würmern, mit den weißen Würmern da steht sie, daß alles gut wird, wie du geheißen hast, Koljuška!
– Und sie steht, Papachen, und steht, daß sich die Würmer schön vermehren ...
– Und daß sich die Würmer ja ordentlich vermehren, daß sie sich anständig vermehren, daß alles ordentlich gar wird, du mein Koljuška!
– Hinterher, Papachen, mein liebes, steht die Kanne noch sieben Tage lang, und der Geruch breitet sich aus, – die Schultern der Tochter bebten, sie schluchzte auf und sah vor die eigenen Füße, – und dann machen das liebe Mamachen und ich auf, und alles ist da voll, derweil sie sich sattgefressen ...
– Und sie haben sich da sattgefressen, sattgefressen haben sich die Würmer, sattgefressen an meiner Scheiße, Koljuška! Und sie haben sich sattgefressen, und wie du geheißen hast, alles haben wir zubereitet, wie sich's gehört!
– Dann gibt mir mein liebes Mütterchen ein Gazetuch, und das Tuch winde ich um die Kanne, und dann stelle ich sie auf den Kopf und stelle sie über eine andere Kanne von dir. Und so mache ich den Saft aus der Scheiße meines lieben Mütterleins ...
– Und sie macht einen Saft aus meiner Scheiße, Koljuška, alles macht sie, wie sich's gehört, mein Lieber, du!
– Hinterher, mein liebes Papachen, wenn am Abend der Kotsaft durch ist, zieh ich mich aus, knie mich hin vor dein Photo und trinke aus dem Krug, wie du geheißen hast, den Saft aus der Scheiße von meinem lieben Mütterlein, und das Mütterlein schlägt mich mit deinem Stock auf den Rükken ...
– Und ich schlage sie mit deinem Stock, Koljuška, schlage mit aller Gewalt, und sie trinkt den Saft meiner Scheiße, in deinem Namen, du mein Goldstück!
– Und so trinke ich jeden dritten Tag den Saft der Scheiße

meines lieben Mütterleins, trinke in deinem Namen, mein liebes Papachen . . .
– Und sie trinkt jeden dritten Tag, alles wie sich's gehört, immer trinkt sie ordentlich, du mein Koljuška!
– Gutes Papachen, ich habe getrunken, trinke und werde trinken, wie du befohlen, wie du befohlen hast, mein Lieber du . . .
– Und sie hat getrunken, Koljuška, hat ordentlich getrunken und wird ordentlich trinken, du mein Geliebter! In deinem lichten Namen wird sie den Saft meiner Scheiße trinken, dafür schlage ich vor dir das Kreuz.

Die alte Frau bekreuzigte und verbeugte sich. Auch die Tochter bekreuzigte sich. Einige Zeit standen sie schweigend, zuckend und schluchzend, und wischten sich mit den regennassen Händen die Tränen ab.

Dann begann die Tochter mit gesenktem Kopf zu murmeln:
– Dank dir, Papachen, daß du mich dein Vermächtnis gelehrt hast.
– O dank dir, Koljuška, daß du sie dein Vermächtnis gelehrt hast! – fiel die Alte ein.
– Dank dir, Papachen, dafür, daß du mich als Sechsjährige alle drei Tage mit deiner Scheiße gefüttert hast.
– O dank dir, Koljuška, daß du sie auch mit deiner Scheiße gefüttert hast, ja gefüttert hast!
– Dank dir, Papachen, dafür, daß du mich als Sechsjährige mit dem Saft deiner Scheiße getränkt hast.
– O dank dir, Koljuška, daß du sie mit dem Saft deiner Scheiße getränkt hast, ja getränkst hast!
– Dank dir, Papachen, dafür, daß du mich mit deinem Lieblingsstock geschlagen hast!
– O dank dir, Koljuška, daß du sie mit dem Stock geschlagen, ach, daß du sie mit deinem Stock geschlagen hast!

– Dank dir, liebes Papachen, dafür, daß du mich gelehrt hast, Mama ordentlich aus dem Arschloch zu lutschen.
– O dank dir, dank, Koljuška, daß du sie gelehrt hast, mir aus dem Arschloch zu lutschen!
– Dank dir, liebes Papachen, dafür, daß du mich auf ewig zugenäht . . .
– O dank dir, Koljuška, daß du sie auch auf ewig zugenäht hast!

Die Tochter war verstummt, hatte das Gesicht mit den Händen bedeckt, stand da und weinte.

Polina Timofeevna seufzte und begann rasch zu murmeln:
– Und jetzt, Koljuška, wird dir dein liebes Töchterchen auch noch erzählen, was für eine sie ist. Alles wird sie sagen und erzählen von sich, daß sie auch weiß, was sie uns für eine ist.

Die Tochter wischte sich mit den Händen Mund und Nase ab und begann:
– Ich weiß, Papachen, daß ich ein ausgepißtes Ferkel bin.
– O sie weiß, daß sie ein ausgepißtes Ferkel ist! – fiel die Mutter ein.
– Ich weiß, daß ich ein dreckiges Geschmeiß bin.
– O sie weiß, Koljuška, daß sie ein dreckiges Geschmeiß ist!
– Ich weiß, Papachen, daß ich ein verhurtes Miststück bin.
– O sie weiß, Koljuška, daß sie ein verhurtes Miststück ist!
– Ich weiß, mein liebes Papachen, daß ich eine gemeine Futwarze bin.
– O sie weiß ja, sie weiß, daß sie eine gemeine Futwarze ist!
– Ich weiß, Papachen, daß ich eine eitrige Kuttel bin.
– O sie weiß, Koljuška, daß sie eine eitrige Kuttel ist!
– Ich weiß, Papachen, daß ich ein beschissenes Luder bin.
– O sie weiß ja, daß sie ein beschissenes Luder ist!
– Ich weiß, Papachen, mein liebes, daß ich ein aufgestemmtes Arschloch bin.

– O sie weiß ja, sie weiß, daß sie ein aufgestemmtes Arschloch ist!
– Ich weiß, Papachen, daß ich eine schändliche Lusche bin.
– O sie weiß, daß sie so eine, eine schändliche Lusche ist!
– Ich weiß, mein geliebtes Papachen, daß ich eine billige Pißnelke bin.
– O sie weiß, Koljuška, daß sie eine billige Pißnelke ist!
– Ich weiß, Papachen, daß ich eine verfaulte Schlammtüte bin.
– O sie weiß, ach, sie weiß ja, daß sie eine verfaulte Schlammtüte ist!
– Ich weiß, Papachen, daß ich eine ungepemperte Schlampe bin.
– O sie weiß, Koljušenjka, daß sie eine ungepemperte Schlampe ist!
– Ich weiß, Papachen, daß ich eine hinterfotzige Töle bin.
– O sie weiß, sie weiß ja, daß sie eine hinterfotzige Töle ist!
– Ich weiß, Papachen, daß ich eine halbgare Schwanzlutscherin bin.
– O sie weiß, Koljuška, daß sie eine halbgare Schwanzlutscherin ist!
– Ich weiß, Papachen, daß ich eine verrotzte Rammlerin bin.
– O sie weiß, mein Koljuška, daß sie eine verrotzte Rammlerin ist!
– Ich weiß, mein Papachen, daß ich eine tierische Brunstbutte bin.
– O sie weiß, sie weiß, daß sie eine tierische Brunstbutte ist!
– Ich weiß, Papachen, daß ich ein grüner Kotzbrocken bin.
– O sic weiß, daß sie nichts als ein grüner Kotzbrocken ist!
– Ich weiß, Papachen, daß ich ein blödes Fotzenloch bin.
– O sie weiß, daß sie ein blödes Fotzenloch ist!
– Ich weiß, Papachen, daß ich eine üble Wichsbürste bin.
– O sie weiß, Koljuška, daß sie eine üble Wichsbürste ist!

– Ich weiß, Papachen, daß ich eine schweinische Schwanzklemme bin.
– O sie weiß, sie weiß, daß sie eine schweinische Schwanzklemme ist.
– Ich weiß, Papachen, daß ich ein tumber Bottich bin.
– O sie weiß, daß sie ein tumber Bottich ist!

Die Tochter verstummte. Ihr Gesicht war blaß und feucht von Tränen und dem Regen. Sie stand unbeweglich da, den Kopf gesenkt und die Arme vor dem Leib verschränkt.

– Ouoch . . . – seufzte Polina Timofeevna, nahm die beiden Päckchen und trat an den Stern.

In diesem Moment hupte der Bus.

Polina Timofeevna wandte sich um, sah zum Bus an der Haltestelle, murmelte »Gleich, gleich« und begann schnell, ihre Päckchen auszuwickeln. Wie sich herausstellte, war in dem einen ein Stück gelblicher Speck von der Größe einer Faust und in dem anderen ein Häufchen brauner Krümel . . .

Polina Timofeevna verstreute flink die Krümel über das Beet und begann, den Stern mit dem Speck abzureiben; dabei murmelte sie:

– Und von alters her, und allezeit, und immerdar . . . und von alters her, und allezeit, und immerdar . . . und von alters her, und allezeit, und immerdar . . .

Der Bus hupte erneut.

Die alte Frau wandte sich zu ihrer Tochter um:

– Was stehst du da rum, du dumme Kuh! Los, sonst fährt er noch ohne uns!

Die erstarrte Tochter zuckte zusammen, griff nach beiden Taschen und rannte los in Richtung Bus.

Polina Timofeevna polierte den Stern zu Ende und legte den Speck auf das Beet, dann wischte sie sich die Hände an ihrem Rock ab und lief, leicht hinkend, zum Bus zurück.

DER EICHELSTURZ

Der Großvater setzte sich vorsichtig auf die umgestürzte Eiche, berührte den glatten, fast rindenlosen Stamm.

– Schau mal, wie sauber . . .

Saška kam gelaufen und stellte den Eimer mit Pilzen neben sich ab.

– Wie, hat sie einer abgeknabbert?

– Aber nein, sie ist von alleine abgegangen, – der Großvater zog seinen Tabaksbeutel hervor und löste langsam den Knoten. – Eichenrinde wird kaum gefressen. Sie ist bitter. Und hart. Der Hase mag den Apfelbaum und der Elch die Erle . . .

Saška setzte sich neben den Großvater, klappte das Messer zusammen und warf es in den Eimer, auf die struppigen Hütchen der Milchlinge.

– Die Stelle ist schlecht, Opa. Hier gibt es ja gar keine Pilze. Viel zu feucht. Bloß Stockschwamm und Eierpilz.

Der Großvater öffnete seinen Tabaksbeutel und grub die Pfeife in den grob geschnittenen Tabak.

– Feucht ist es wirklich . . . Da vorn ist so eine Niederung. Deshalb brechen auch die Eichen um. Und die Eicheln halten sich nicht an ihnen . . .

– Und darum hat man es auch den Eichelsturz genannt?

– Freilich! Es ist doch auch ein Eichelsturz. Kaum sind Eicheln angesetzt, fallen sie ab, sie werden nicht reif. Die Feuchtigkeit . . .

Er zog die Streichhölzer hervor, drückte den Tabak in der Pfeife fest und rauchte sie an.

Saška gähnte und legte die Hände in den Schoß.
– Tante Nata ißt jetzt sicher Abendbrot.
– M-hm, – der Großvater nickte. – Wart nur, wir schaffen es noch gut. Laß mich noch ein wenig rauchen. Jetzt sind es noch anderthalb Werst, nicht mehr . . .

Er zog langsam an der Pfeife.

Es war windstill, und der bläuliche Rauch zog in Schwaden um sein runzliges Gesicht mit der großen, buckligen Nase und dem glatten weißen Schnurrbart.

Saška beobachtete, wie aus dem Tabak im Pfeifenkopf ein orangerotes Flämmchen trat.
– Opa, warum sitzt du hier so gern? Hier gibt es überhaupt keine Pilze, und feucht ist es auch.

Der Großvater lächelte:
– Tja . . . das ist eine Gedenkstelle . . .
– Wie, Gedenkstelle?
– Hier ist mein Freund umgekommen. Der Sohn vom Patenonkel. Vasja.
– Das hast du noch nie erzählt.

Der Großvater nickte schweigend und rauchte.

Der Eichelsturz lag vor ihnen.

Die stattlichen, dichtstehenden Eichen verflochten ihre knorrigen Äste, die dicken Stämme verschwanden hinter den gezackten Fächern des Farns.

Die Strahlen der Abendsonne durchbrachen das Laub und spielten auf der Eichenrinde.

Der Großvater stieß den Rauch durch den Schnurrbart und griff sich an die Schläfe.
– Jaa . . . das ist lange her . . .
– Im Krieg?
– Ja. Im Krieg. Hier standen die Deutschen, und unsere Abteilung lag an die siebzig Werst entfernt.
– Bei Černogatino?
– Ja. Und Vasja war aus Malye Željtouchi. Wir sind zusam-

men aufgewachsen, zusammen zur Truppe gekommen. Nun, und er hatte eine Braut. Nicht in Želtouchi, sondern bei uns, in der Siedlung.

– Lebt die noch?

– Nein. Vor sieben Jahren ungefähr ist sie gestorben. Und er ist auch nicht mehr.

– Und du, Opa, weißt du, wie er umgekommen ist?

Der Großvater lächelte wieder.

– Ich habe ja alles mitangesehen. Mit eigenen Augen.

– Wirklich?

– Wirklich, Saška, wirklich.

Der Großvater zündete die erloschene Pfeife an und seufzte.

– Es war im September. Wir wollten damals nach Weißrußland, dort war die Front. Aber wir hatten weder Waffen noch Vorräte. Und auch von nirgends zu erwarten. Alles, was wir gehabt hatten, war verbraucht. So harrten wir eben in den Wäldern aus. Ab und zu ein kurzer Ausfall. Nun, und dann entschied der Kommandeur, wir sollten uns zu den Unseren durchschlagen, damit wir im Winter nicht krepieren im Wald.

– Opa, und in den Dörfern konntet ihr nicht überwintern?

– In den Dörfern waren doch die Deutschen, du Schlaukopf. Es war doch alles vom Fritz besetzt. Ja. Na und Vasjka, er war übrigens ein guter Kundschafter, hochangesehen, der hatte also den Kommandeur dazu bewegt, uns nach Brot gehen zu lassen. Um sich zugleich von seiner Braut zu verabschieden. Na, und dann sind wir los. Mit dem Pferdefuhrwerk, ganz leise. Wir gingen die ganze Nacht, tags schliefen wir im Gebüsch. Dann wieder die ganze Nacht. Und dann, der Morgen brach gerade an, da kamen wir zu fünft in den Eichelsturz.

Der Großvater blinzelte und zog an seiner Pfeife.

– Die Sonne war noch kaum richtig aufgegangen, um die

Eichen war es noch neblig, dunkel. Unsere Stute war schwächlich, die Rippen schienen durch. Die Wagenräder waren mit Lumpen umwickelt, damit sie nicht poltern. Wir gehen also. Vasjka führt das Pferd, Serežka Osadčij hinten, Petjka Birjulenok und Ženjka auf dem Wagen und ich rechts irgendwie so ...

Der Großvater erhob sich, richtete sich auf, die Pfeife zwischen den Zähnen.

– Vor der Brust hatte ich eine deutsche MP, zwei Granaten am Gürtel, die Joppe einem Offizier abgenommen. Nun, das heißt, wir kommen gerade in den, also, als ...

Es schüttelte ihn, er nahm die schwelende Pfeife aus dem Mund und blökte mit dünner, hoher Stimme los:

– Mmeeeeeee ...

Sein eingefallener Mund öffnete sich weit, entblößte die wenigen abgeschliffenen Zähne, die Augen schlossen sich, der graue Kopf kippte nach hinten:

– Mmeeeeeee ...

Saška starrte ihn fassungslos an.

Der Großvater streckte die Hand mit der Pfeife vor, begann zu taumeln und stapfte durch den Farn, blökend und zitternd.

– Opa ... Opa ... – flüsterte der bleiche Saška und stand auf.

Der Großvater stapfte mit hochgezogenen Knien zu den Eichen.

Das Echo seiner zitternden Stimme tönte weithin durch den Eichelsturz.

DER WETTBEWERB

Lochov schaltete die Säge ab und stellte sie auf einen frischen Baumstumpf:

– Sie roden die dritte Parzelle. Da ist noch dieser . . . Vasjka bei ihnen, aus Znamenskaja . . .

– Michalyčev? – fragte Budzjuk und schob mit dem Stiefel einen dicken Kiefernast beiseite.

– Ja, der. Und wer das angezettelt hat, ist auch klar – Solomkin. Gestern im Büro haben es mir die Jungs erzählt. Sie hatten Komsomol-Versammlung, tja, und Solomkin hat gesprochen. Wir sind immer hinter den Budzjuk-Leuten geblieben, hat er gesagt, aber diesmal, und koste es Gut und Blut, werden wir Erste. Und dann gings los. Ich war eben dort, die ackern wie die Stoßarbeiter – fällen, ohne aufzuschauen.

Budzjuk holte Luft und wischte die harzverklebte Hand am Ärmel ab:

– Ja . . . Solomkin ist ein Kämpfertyp, ich weiß . . . der stellt was auf die Beine . . .

– Und die anderen genauso, weißt du, die sind handverlesen – frisch aus der Armee. Die können vor Kraft nicht gehen . . .

Budzjuk nickte stumm.

Hoch über der Schneise schwebten zwei Habichte.

Lochov nahm die Mütze ab und wischte sich die schweißnasse Stirn.

– Ich wollte es dir schon eher sagen, aber . . .

– Was?

– Ich weiß nicht recht . . .

Budzjuk lachte:

– Hast du Angst gekriegt, oder was?

– Das nicht, Senj. Ich wollte bloß nicht vor den Jungs. Sollen sie es selbst im Büro erfahren.

Budzjuk klopfte sich die Sägespäne von der Hose:

– Ist das nicht egal, wann? Überhaupt, was solls? Sie haben uns zum Wettbewerb gefordert, na und?

Lochov kratzte sich die Wange:

– Senj, sollen sie doch gegen Vasnecovs Gruppe antreten, hm?

Budzjuk sah ihn spöttisch an.

– Was, du willst kneifen?

– Nein . . . aber . . . ich bin einfach nicht mehr der Jüngste . . . hab ja schon ganz schön rangeklotzt, und du auch . . .

Budzjuk schüttelte den Kopf:

– Wie schnell du dich anders besinnst . . . Sieh doch mich an, Ivan Lekseič, mein Lieber, ich hab in meinem Leben nicht weniger geackert als du. Aber den ersten Platz und den Wimpel irgendeiner Solomkin-Gruppe da abtreten – kommt nicht in Frage! Wenn die Jungs jetzt wiederkommen, sage ich ihnen, daß wir den Wettbewerb annehmen. Wir nehmen an.

Lochow schaute blinzelnd zu den fiependen Habichten auf. Budzjuk stellte den Fuß im Gummistiefel auf eine gefällte Kiefer.

– Fehlt dir denn wirklich jeder menschliche Stolz, Vanja? Das sind doch Milchbärte, grüne Rekruten! Und meinst du, den Unseren geht die Kraft aus? Mein Žorjka allein schafft drei von denen! Und Petro? Und Sanja? Wir stecken die glatt in die Tasche! Noch nie einen richtigen Wald gesehen, aber gleich keck werden, uns überholen wollen! Das wird für die ein Schlag ins Wasser!

Lochov lächelte.

– Na, wer weiß, Senj. Die Jungs sind nicht zu bremsen.

– Von mir aus. Sollen sie rangehen. Wir schlagen sie mit Routine, nicht mit Dreistigkeit.

– Ich hab ja nichts dagegen, bitte . . . bloß, was brauchen wir diesen Wimpel . . . die Prämie kriegen wir auch so, den Zuschlag auch . . .

Budzjuk winkte ab:

– Du bist ein Langweiler, Vanja. Und das aus einer Holzfällerfamilie . . .

Er nahm seine Säge, betätigte den Choke und zog an der Schnur.

Die Säge knatterte los und stieß weißlichblauen Rauch aus.

Budzjuk nahm sie unter den Arm und ging zu den Kiefern.

Lochov erhob sich widerwillig.

– Senj, laß uns besser auf die Jungs warten.

Budzjuk ging weiter, ohne sich umzudrehen.

Lochov ließ seine Säge an.

Einer der Habichte legte die Flügel an und stieß herab.

Budzjuk war bei seiner Kiefer, zog rasch eine Rille, ging von der anderen Seite heran und setzte das Sägeblatt in den knorrigen Stamm. Die Säge knurrte, gelbliche Sägespäne rieselten auf seine Stiefel. Das Blatt drang langsam ins Holz, Budzjuk drückte leicht nach.

Lochov kam mit der ratternden Säge und ging an die Nachbarkiefer. Budzjuks Kiefer erbebte und begann zu quietschen.

Budzjuk trat ein wenig zurück und faßte die Säge bequemer.

Die Kiefer neigte sich und begann zu stürzen. Der lange Stamm bog sich, und mit einem Krachen fiel er zu Boden.

– Laß sie zur Mitte kippen! – schrie Budzjuk dem gebückten Lochov zu. Lochov nickte.

Budzjuk ging an die nächste Kiefer, betrachtete sie prüfend, schaute um sich, trat von der gewählten Seite an sie heran und zog eine Rille.

Lochov trat von seinem Baum zurück. Der stürzte auf den soeben gefällten.

– Jetzt machen wir einen Unterstand, laß die linken stehen. Da in die Schlucht müssen sie kippen, – brüllte Budzjuk ihm zu.

Lochovs Säge stotterte und blieb stehen.

– Was ist los? – rief Budzjuk und drang von der anderen Seite in den Stamm.

– Das ist die alte »Družba« . . . von Andrej . . . Reif für den Schrott!

Budzjuk drehte sich um, stemmte sich stärker gegen die Sägegriffe.

Lochov betätigte den Choke, spulte die Schnur auf, zog an. Die Säge knatterte los und verstummte.

– Aaaa . . . soll dich doch . . .

Er spulte die Schnur von neuem auf.

Budzjuk ließ seine Kiefer kippen und ging zur nächsten.

Lochov ließ die Säge an, spuckte aus, stieg über einen Stamm und betrachtete die umstehenden Kiefern.

– Keine einzige krumme . . . eine wie die andere . . .

Budzjuk schnitt das Gebüsch um seine Kiefer.

– Ich helf dir, Senj! – rief Lochov und ging auf ihn zu.

– Fäll lieber die da hinten . . . oder schneid von denen die Äste ab . . . Mann, wie das zugewachsen ist . . . nicht durchzukommen!

– Weiden, kennt man ja . . .! – rief Lochov und stand neben ihm. Er drückte den Gashebel bis zum Anschlag, riß die Säge schnell nach links und setzte das Blatt an den Hals des gebückten Budzjuk. Dunkles Blut schoß unter dem gezähnten Blatt hervor, der Kopf samt der schäbigen Mütze löste sich vom Hals und fiel ins Gebüsch. Budzjuks Beine knickten ein, seine Säge fraß sich in die Erde. Zappelnd stürzte er auf die Säge.

Lochov schaute sich um, zog die Säge unter dem kopflosen Körper hervor, griff nach der eigenen und rannte los. Die Sägen schleiften beinahe auf dem Boden, er wich den länglichen Blättern aus. Seine Hände drückten die Gashebel bis zum Anschlag, die Sägen kreischten auf, bläuliche Abgasschleifen zogen hinter ihnen her.

– Jetzt gehen wir in den Wettbewerb . . . Wettbewerb . . . murmelte Lochov und lief im Slalom um die Baumstümpfe.

Er rannte durch die Schneise, durchquerte die Schlucht und blieb an der Böschung stehen. Unten floß gemächlich die Soša, drei Jungen saßen auf den Stegen und angelten.

Als sie Lochov mit den kreischenden Sägen bemerkten, richteten sie sich auf.

– Au, Onkel Vanja gleich mit zweien . . .

– Die machen einen Krach . . .

– Onkel Vanja, hast du meinen Papa gesehen?

Lochov schaute hinab, eines der Blätter berührte sein Bein, er zuckte zusammen und zog es zurück.

Die Jungen sahen ihn schweigend an.

– Jetzt gehen wir in den Wettbewerb . . . – murmelte Lochov, nahm Anlauf und stürzte sich mit den kreischenden Sägen ins Wasser.

EIN KONSTRUKTIVER VORSCHLAG

– Versteht ihr, Jungs, Fortsetzungsromane drucken wir nicht, – Avotin warf seine Kippe in eine wassergefüllte Konservendose und fuchtelte mit der Hand, um den Rauch vor seinem Gesicht zu vertreiben. – Wir haben keine Monatszeitschrift, sondern nur ein Institutsblättchen mit höherer Auflage. Versteht das doch.

Savuškin lächelte.

– Das wissen wir doch, natürlich. Aber trotzdem ist das hier ja nicht irgendein Roman, sondern das literarisch bearbeitete Tagebuch einer geologischen Expedition. Das sind doch zwei verschiedene Dinge.

– Aber der Umfang ist doch ungeheuer, Vitja! – Avotin stand auf und ging, die Hände unter die Achseln geklemmt, in dem schmalen Redaktionszimmer auf und ab. – Fast zwei Druckbögen! Unser Limit sind zehn Schreibmaschinenseiten. Sollen wir euer Tagebuch vielleicht über fünf Nummern hinziehen?

– Warum eigentlich nicht? – mischte sich Keršenbaum ein.

– Ja wirklich, das ist schließlich nicht Agatha Christie, sondern wichtiges, aktuelles Material. Die Arbeit von Geologen.

– Und für meine Begriffe gut geschrieben, – Kolomiec zuckte die Schultern.

– Zu lang, zu lang, – murmelte Avotin im Auf- und Abgehen, – langatmig und wortreich.

– Wieso langatmig, was ist daran langatmig?

– Da ist doch alles sachlich, präzis!
– Und so gut über die Natur geschrieben! Saša hat sich Mühe gegeben.

Avotin ging an seinen Schreibtisch und stützte sich fest auf beide Handflächen.

– Also, folgendes. Wenn ihr wollt, daß wir das drucken, kürzt es auf die Hälfte. Dann werden wir versuchen, es bittesehr in zwei Nummern unterzubringen. Andernfalls wird überhaupt nichts draus.

Die vor ihm sitzenden Studenten schauten einander verwundert an.

– Auf die Hälfte? Wie stellst du dir das vor?
– Wie, auf die Hälfte? Und was bleibt dann noch?
– Was soll man denn da kürzen, he?

Avotin setzte sich an den Schreibtisch, gähnte und sah auf die Uhr.

– Acht Uhr durch . . . wir sitzen wieder ewig . . .

Keršenbaum trat an den Tisch.

– Serež, das geht doch wirklich nicht. Wie sollen wir kürzen? Da stecken so viele Fakten, Funde drin. Und das Folkloristische? Und die Beschreibung des Ural? Das soll alles raus?!
– Nicht raus, sondern gekürzt werden. Ich sag ja nicht, daß ihr irgend etwas rauswerfen sollt. Kürzt. Ihr könnt doch schreiben. Dann kürzt eben so, daß das Folkloristische erhalten bleibt, und der Ural und alles andere . . .
– Aber versteh doch, wir haben außergewöhnlich kompaktes Material. Es ist fast nichts Nebensächliches dabei. Die reinen Fakten.
– Auch Fakten muß man kurz und klar darlegen können.
– Aber Serež, du widersprichst dir ja selbst. Letztes Mal hast du gesagt, du wirst bei gutem, aktuellem Material nicht mit Spalten geizen. Und jetzt? Jetzt heißt es gleich – kürzen? Das ist ja das Allereinfachste.

– Nein. Das ist das Schwierigste, mein Lieber. Kurz und klar zu schreiben ist am allerschwersten. Was schlägst denn du nun vor? Über zehn Nummern zu strecken?
– Warum denn nicht? – Savuškin stand auf. – Solches Material kann man ruhig auseinanderziehen.
– Natürlich. Und es wird bestimmt mit Vergnügen gelesen.

Avotin seufzte ungeduldig.

– Hört mal! Ist euch klar, was so ein Institutsblättchen ist? Zwei Spalten! Zwei! Wenn ich vier hätte, würde ich euer Material ohne weiteres in fünf Nummern bringen. Aber jetzt ist das unmöglich. Und überhaupt, fassen wir uns kurz, wie lange sollen wir denn noch hier sitzen ...
– Was heißt kurzfassen? Und unser Material?
– Kürzen. Anders geht es nicht.
– Das ist unmöglich, Sergej.
– Es ist möglich. Wenn ihr kürzt, wird es noch besser.
– Ach, das ist doch Unsinn ...
– Gut, meine Lieben, raus mit euch! Kürzt, kommt wieder, dann reden wir weiter.

Die Studenten schwiegen.

Avotin stand auf, sammelte die Papiere vom Tisch und steckte sie in seine Aktentasche.

Savuškin erhob sich von seinem Sitz und sagte entschlossen:

– Weißt du was, Serež, wenn es so aussieht, werden wir uns mit dem Komsomol-Komitee beraten.
– Genau, – Keršenbaum nickte. – Wir zeigen es Losev. Soll er entscheiden.
– Das ist euer Recht, – sagte Avotin trocken. – Meine Meinung habe ich gesagt. Losev werde ich dasselbe sagen. Schließlich ist die Frage des Materialumfanges vom Parteikomitee entschieden ... Und jetzt – auf Wiedersehen. Ich habe zu Hause noch zu tun ...

Schweigend gingen die Studenten zur Tür.

– Gena, bleib noch eine Minute, – sagte Avotin, während er seine Tasche schloß. – Hier ist aus dem DND etwas wegen deines Artikels gekommen, ich habe ganz vergessen, es dir zu sagen ...

Kolomiec ging zum Divan und setzte sich wieder.

Avotin hatte die Tasche geschlossen, strich sich übers Kinn und sah auf die offene Tür:

– Ich habe gestern über dieses Hin und Her mit der Bauabteilung nachgedacht. Weißt du, ich mache dir einen konstruktiven Vorschlag.

Kolomiec lächelte und nickte.

– Schließ doch bitte die Tür, – sagte Avotin leise.

Kolomiec stand auf, ging zur Tür, schloß sie und drehte den Knopf zweimal um.

Dann drehte er sich zu Avotin um und lächelte noch breiter, wobei er die gleichmäßigen weißen Zähne bleckte.

Avotin löste sich langsam vom Schreibtisch, trat zu Kolomiec, streckte die Hand aus und strich ihm mit zitternden Fingern über die glattrasierte Wange. Kolomiec lachte leise und legte die Handflächen auf die breiten Schultern Avotins. Einen Moment lang sahen sie sich in die Augen, dann kamen sich ihre Gesichter langsam näher.

Sie küßten sich lange, an die Tür gelehnt. Avotin streichelte Kolomiec den lockigen Kopf, dann machte er sich an dessen Hosenlatz zu schaffen. Kolomiec schob die Hand träge weg.

– Jetzt nicht ...

– Warum denn nicht, komm, hier! – flüsterte ihm Avotin ins Ohr.

– Du spinnst wohl ...

– Es sieht doch keiner. Durchs Fenster sieht man überhaupt nichts ...

– Nein. Hier nicht.

Avotin zuckte die Schultern.

– Wovor hast du Angst?

Kolomiec lächelte.

– Vor gar nichts.

– Na dann? Komm doch her, Gen.

– Hier aber nicht, – wisperte Kolomiec geziert und sah, an die Tür gelehnt, zur Decke.

Avotin streichelte seine Wange.

– Na gut, dann fahren wir zu mir?

– Zu dir? – wiederholte Kolomiec träge.

– Ja.

– Da sind wir ja ewig unterwegs.

– Wir nehmen das Moped. Eine Viertelstunde. Komm.

Kolomiec streckte sich.

– Ich will nicht.

– Warum, Gen?

– Ich will nicht. Und überhaupt, weißt du . . . – er ging zum Fenster. – Ich habe dir das Wichtigste noch nicht gesagt.

– Was? – fragte Avotin gespannt.

Kolomiec seufzte, und nach einer langen Pause meinte er:

– Ich habe gestern wieder bei Mama geschnuppert.

Avotin erblaßte.

Kolomiec drehte sich zu ihm und wiederholte seltsam lächelnd:

– Geschnuppert.

Avotin schwieg. Kolomiec setzte sich aufs Fensterbrett und schwieg ebenfalls.

– Gena . . . – sagte Avotin mit erstickter Stimme, – du hast doch versprochen, du . . .

Kolomiec sah aus dem Fenster.

– Gena! Gena! – Avotin fiel auf die Knie, kroch zu Kolomiec und barg sein Gesicht in dessen Schoß, er weinte.

– Nun hör schon auf, was soll das ... – Kolomiec schob ihn träge weg.
– Ich ... ich ... das ... du hast doch versprochen, – schluchzte Avotin, – du ... du hast es doch versprochen ... Du Sau! Sau!
– Jetzt reichts aber ...
– Sau! Sau! – schluchzte Avotin mit bebendem Kopf.
– Du willst mich quälen, ja? Quälen? Was soll ich tun ... was ... sie umbringen? Oder mich auf ... hängen? Sau!
– Was redest du denn da ... steh auf ... steh schon auf.
– Sau! Ich bring sie um! Drecksfotze! Miststück! Ich bring sie um!
– Sei still! Steh auf, du benimmst dich ja wie ein ... steh auf ...
– Was für ein mieses Stück! Und du! Und du selber! Du hast es doch versprochen! Du hast doch geschworen damals ... in Jalta! Du hast es doch geschworen!
– Nun ist aber genug ...
– Nein! Was bin ich ... bin ich eine Puppe für dich? Ja? Ein Bauer beim Schach? Wie Perfiljev? Du ... du erkennst mich wohl gar nicht als Mensch an? Wer bin ich für dich? Sag, sag! Und für sie? Für sie? Das miese Stück! Die Nutte!

Kolomiec legte seine Arme um Avotins Kopf und verschloß ihm mit der Hand den Mund. Eine Zeitlang schwiegen sie, nur Avotin schluchzte leise. Schließlich erhob sich Avotin von den Knien, holte ein Taschentuch hervor, wischte sich das Gesicht ab und sagte trocken:
– Ja ... nun, im übrigen ist das natürlich deine Sache. Schließlich bist du ja auch ein Egoist. Denkst nur an dich. Aber ich hab immer an dich gedacht.

Er ging zum Schreibtisch, zog das mittlere Schubfach heraus und griff nach einem mit rosa Band verschnürten Päckchen:
– Hier. Ein Geschenk für dich.

Er ging zu Kolomiec und knallte das Päckchen aufs Fensterbrett:

– Für die schöne Zeit.

Kolomiec nahm das Päckchen auf den Schoß und knüpfte das Band auf. Dann entfernte er das Papier und warf es zu Boden. Er hielt eine längliche Plastikschachtel in Händen.

Kolomiec öffnete sie.

In die Schachtel war ein abgehacktes Stück von einem Männergesicht grob hineingepreßt. Die Ränder der abgeschnittenen, vertrockneten Haut waren blutverklebt, die eine unrasierte Wange war eingefallen zwischen dem bläulich schimmernden Backenknochen und dem hervorstehenden Kiefer; hinter den zerhackten Lippen wackelten vergilbte Zähne, zwei waren aus Gold; das weißliche Auge, herausgedrückt aus der schwarzgewordenen Augenhöhle, lag in einer Ecke der Schachtel.

Äußerst erstaunt starrte Kolomiec auf den Inhalt der Schachtel, erhob sich vom Fensterbrett.

Avotin lächelte verhalten.

Plötzlich schleuderte Kolomiec die Schachtel zu Boden und warf sich Avotin an den Hals:

– Serežka!

Avotin umarmte ihn ebenfalls. Kolomiec küßte entzückt Avotins Gesicht:

– Serežka . . . Serežka . . .

Nachdem er sich beruhigt hatte, schüttelte er den Kopf:

– Serežka!

Sein Gesicht glühte vor Begeisterung.

– Und du sagst – Gelee! – lächelte Avotin.

– Serežka! – Kolomiec küßte ihn erneut.

– Und du bescherst mir ganz andere Geschenke, du Arsch, – lächelte der zufriedene Avotin. – Na, was ist, fahren wir?

Kolomiec nickte freudig.

– Zu mir? – rüttelte ihn Avotin an der Schulter.

Kolomiec nickte.

– Nehmen wir Petečka?

Kolomiec nickte.

– Und machen wir einen Wattierten? Dann?

Kolomiec nickte, zwinkerte Avotin keck zu und flüsterte:

– Aber trotzdem, bei Mama heimlich zu schnuppern, oh, wie ist das süß, Serežˇenjka.

Avotin ballte die Faust und hob sie an Kolomiecs hübsches Gesicht. Kolomiec küßte die behaarte Faust und lachte.

DIE GEDENKREDE

Sereža und Olja kamen gerade rechtzeitig – etwa dreißig Angehörige, Freunde und Kollegen Nikolaj Fedorovičs standen am Eingang zur Hauptallee des Friedhofs und warteten auf den Bus.

Es hatte gerade aufgehört zu regnen, ringsum war es naß.

Schon von fern, als er durch das schmutziggelbe Steintor ging, bemerkte Sereža Ermilov. Er stand am Rande der Gruppe, von den Seinen umringt. Die kleine Mašenjka schmiegte sich reglos an seine Beine und umklammerte seine Hand. Sofja Alekseevna hielt die andere Tochter umarmt, die fünfzehnjährige Katja.

Olja und Sereža gingen über den kleinen, von Kippen und anderem Abfall übersäten Platz auf die Gruppe zu.

Olja war als erste bei Ermilov, küßte ihn zweimal auf die bleichen, eingefallenen Wangen und flüsterte:

– Mein Gott . . .

Sereža ließ den zellophanknisternden weißen Gladiolenstrauß sinken, er trat zu Sofja Alekseevna, drückte ihr linkisch die willenlose magere Hand und küßte sie. Ilja Fedorovič ging selbst auf ihn zu, umarmte ihn und sagte leise:

– Grüß dich, Sereženjka.

Dann kam Nina Timofeevna, umarmte Olja unter Tränen, küßte sie. Sereža ging zu Ermilov. Sie umarmten sich.

– Ich hatte schon Angst, ihr schafft es nicht . . . – sagte Ermilov mühsam.

– Wir haben das Telegramm in der Nacht bekommen, – antwortete Sereža schnell und mit gedämpfter Stimme, er rückte seine Brille zurecht und schaute in das abgemagerte Gesicht Nikolajs.

Die schwarzäugige Mašenjka betrachtete, ohne die Hand ihres Vaters loszulassen, Sereža mit erschrockenem Interesse. Er drückte den Strauß an sich, beugte sich zu ihr herab und legte den Arm um ihre kleine Schulter:

– Guten Tag, Mašenjka. Kennst du mich nicht mehr?

Das Mädchen schwieg und drückte sich an den Vater.

– Kennst du Onkel Sereža nicht mehr? – fragte Ermilov und strich Maša über den Kopf.

– Doch . . . – antwortete das Mädchen leise.

Dann kamen Piskunov, Loktev, Viktor Stepanovič und Saša Alekseevskij mit Julja. Olja und Sereža begrüßten alle, drückten stumm die hingestreckten Hände. Von hinten war schwaches Motorengeräusch zu hören, durchs Tor fuhr langsam ein weißer Bus mit den Musikern ein. Er hielt bei den Wartenden an, beide Türen öffneten sich, und ohne Eile stiegen die Musiker mit den Instrumenten aus.

Ilja Fedorovič gab den Männern neben sich ein Zeichen:

– Kommt . . .

Sie traten von hinten an den Bus, der Fahrer kletterte aus der Kabine, öffnete die Tür des Kofferraums und half ihnen, die in Gaze gehüllten Kränze zu entladen. Es waren drei.

Julja kam zu ihnen und entfernte die Gaze von den Kränzen.

Währenddessen standen die Musiker als kleine Gruppe etwas abseits. Ihr älterer, glatzköpfiger Leiter, eine neue silberne Trompete in der herabhängenden Hand und mit der freien gestikulierend, besprach sich mit Ilja Fedorovič.

Olja trat zu Sereža und zupfte das verrutschte Zellophan am Blumenstrauß zurecht.

– Wozu haben sie Mašenjka mitgebracht ... sie ist doch noch ein richtiges Kind ...

Serečа zuckte stumm die Schultern.

Rasch waren die Kränze drapiert, der Bus verließ das Friedhofsgelände und parkte hinter dem Zaun am Straßenrand.

Ilja Fedorovič nickte, und sechs Männer betraten langsam mit den Kränzen die in den Friedhof führende Allee. Die Gruppe folgte ihnen. Die Musiker bildeten den Schluß, setzten die Instrumente an, und die ersten Takte des Chopinschen Trauermarschs zogen über den vom Regen gewaschenen Friedhof. Dieser war groß und alt, mit Pappeln und dicken Linden bewachsen, deren ausladende Kronen leise über den Köpfen der Beerdigungsprozession rauschten.

Ab und zu fiel von oben ein Tropfen.

Einer von ihnen glitt über Serežas Wange. Er trocknete sie mit der Hand. Olja ging mit gramvollem Gesicht und gesenktem Kopf neben ihm her. Den Kopf des Zuges bildete die Familie Ermilovs. Sofja Alekseevna hatte seinen rechten Arm untergefaßt, Mašenjka hielt sich unbeirrbar neben ihm und drückte seinen linken. Katja und die Großmutter folgten in geringem Abstand.

Die Allee zog sich weiter und weiter, ringsum ein Grab am anderen – neue, alte, gepflegte und vernachlässigte, mit Kreuzen und Granitgrabsteinen, mit und ohne Zaun.

Sereža warf hin und wieder einen Blick auf die rechts von ihm vorübergleitenden Kreuze und Grabsteine mit verschiedenen Inschriften. Regentropfen hingen daran.

Die Trompetenklänge zogen laut durch die kühle Luft.

Das Schluchzen der Frauen war zu hören.

Die Allee machte einen Bogen nach rechts. Die Prozession passierte die kleine Urnenhalle und zog weiter.

Bald tauchten zwischen den Gräbern menschliche Gestalten und ein kleiner Hügel frisch ausgehobener Erde auf. Die Prozession erreichte ihn und hielt an. Das Orchester verstummte.

Um die vorbereitete Grube standen sechs Totengräber in schmutzigen Jacken und Hosen. Ihre Spaten lehnten zusammengestellt am Zaun des Nachbargrabs.

Ihr Brigadier, ein kleingewachsener, stämmiger Mann mit gebräuntem, faltigem Gesicht, trat zu Ilja Fedorovič und sprach mit gedämpfter Stimme zu ihm. Ilja Fedorovič nickte wortlos.

Die Männer mit den Kränzen traten unentschieden auf der Stelle.

Ilja Fedorovič bat sie, Platz zu machen, und sie traten zurück.

Der Brigadier ging wieder zu seinen Genossen. Vier von ihnen traten zur Seite, hoben einen langen kastenförmigen Behälter aus Holz an vier Griffen vom Boden und trugen ihn zur Grube.

Sofja Alekseevna, die Ermilov umarmt hielt, schluchzte laut auf.

Katja stellte sich zu ihnen und begann ebenfalls zu weinen. Auch Mašenjka begann zu weinen. Ihr dünnes Stimmchen wurde von Schluchzern zerrissen.

Nina Timofeevna, das Gesicht im Taschentuch verborgen, zitterte unter krampfhaftem Schluchzen.

Mit versagender Stimme wandte sich Ilja Fedorovič an die Umstehenden:

– Verabschiedet euch, Genossen.

Die Menge umringte Nikolaj Fedorovič.

Das Schluchzen seiner Töchter, seiner Frau und der übrigen Frauen verschmolz in eins.

Sofja Alekseevna hing an der Brust Ermilovs und wiederholte unter Krämpfen:

– Kolenjka . . . Kolja . . .

Sereža drängte sich durch die Menge zu Ermilov. Die weinende Olja folgte ihm.

Inzwischen hatten die Totengräber den Holzkasten geöffnet und nahmen Karabiner heraus. Der Brigadier zog sechs spitznasige Patronen aus der Tasche und verteilte sie an seine Genossen.

Die Totengräber luden die Karabiner. Das dumpfe Klappen der Gewehrschlösser mischte sich mit dem Weinen und Wimmern der Menge.

Ermilov konnte kaum alle umarmen, Frau und Töchter hingen an ihm. Sereža drängte sich zu ihm durch und küßte ihn auf die tränenfeuchte Wange.

– Nein . . . Kolenjka . . . nein . . . nein . . . – schluchzte Sofja Alekseevna an Ermilovs Brust.

Ilja Fedorovič versuchte sie zu beruhigen.

Seine Lippen zitterten, er blinzelte oft.

Die Totengräber stellten sich etwa vier Meter von der Grube in Reih und Glied auf, hielten die Karabiner gesenkt. Der Brigadier sah fragend zu Ilja Fedorovič.

Der nahm Ermilov bei der Schulter.

– Es ist Zeit, Kolja . . .

– Nein! Nein, Kolenjka! Nein!! – schrie Ermilovs Frau und klammerte sich an ihn.

Die Töchter schluchzten laut.

– Sonja, Sonja, – sagte Ilja Fedorovič beruhigend.

– Nein! Nein! Nein!! – schrie die Ermilova.

Piskunov, Elisaveta Petrovna und Nadja versuchten, sie von ihrem Mann zu trennen.

– Nein! Kolenjka!! Nein!

– Sonja . . . Sonja . . . – Ilja Fedorovič hielt sie an den Schultern zurück.

– Sonečka . . . Sonjuša . . . – weinte Ermilov und küßte sie.

– Papa! Papočka! Papa! – schluchzten die Töchter.

Elisaveta Petrovna nahm Maša auf den Arm und drückte sie an sich. Das Mädchen weinte, zappelte, rief nach dem Vater.

Nina Timofeevna hielt Katja an sich gedrückt und weinte mit ihr, ihr ganzer schwerer Körper bebte.

Durch die zögernd auseinandergetretene Menge bewegte sich Ermilov wankend zur Grube. Er trug einen neuen, braunen Anzug.

– Tretet zur Seite, Genossen, – der Brigadier gab ein Zeichen mit dem Kopf, die Menge wich langsam zurück.

– Nein! Nein!! Kolenjka!! – schrie Sofja Alekseevna und versuchte sich loszureißen.

Die Frauen weinten.

Ermilov trat an die Grube.

Der Brigadier wies ihn zu dem Erdhäufchen mit der festgetretenen Kuppe, das die Totengräber am Rande der Grube aufgeworfen hatten.

Ermilov stieg auf den kleinen Hügel, seine neuen Halbschuhe versanken in der lockeren Erde. Er fiel auf die Knie, das Gesicht zur Reihe der Totengräber gewandt, den Rükken zur Grube.

Der Brigadier, außen in der Reihe, gab das Kommando.

Die Totengräber zielten auf Ermilov. Sie waren von unterschiedlicher Größe, und die brünierten Läufe erstarrten auf unterschiedlicher Höhe in der Luft.

Gebeugt kniete Ermilov, seine Arme baumelten kraftlos neben dem Körper. Sein gesenkter Kopf zitterte merklich.

– Hopp . . . – kommandierte der Brigadier, und eine nicht sehr einmütige Salve mähte Ermilov von seinem Hügel, betäubte die Versammelten.

Man konnte hören, wie der Körper Nikolaj Fedorovičs mit dumpfem Laut auf den Grund der Grube fiel. Blauer Rauch hing über dem kleinen Hügel.

Es roch nach verbranntem Pulver.

Die Totengräber klapperten mit den Gewehrschlössern und nahmen die Hülsen heraus.

Aus der Menge ertönte wie zuvor lautes Jammern und Klagen.

Die Totengräber legten die Karabiner in die Holzkiste, griffen nach den Spaten und traten an die Grube.

– Werte Angehörige, werfen Sie Erde, – wandte sich der Brigadier an alle.

Als erster trat langsam Ilja Fedorovič heran, nahm eine Handvoll Erde und warf sie. Sein Gesicht war verweint.

Als nächste geleiteten Piskunov und Nadja die schluchzende Sofja Alekseevna zum Grab, sie nahm die Erde mit versagender, wie gelähmter Hand und warf sie in die Grube.

Dann kamen der Reihe nach Nina Timofeevna mit Katja, Elisaveta Petrovna mit Mašenjka auf dem Arm, Lochov, die Seleznevs, Viktor Stepanovič, die Kozlovskijs, die Sitnikovs, Galja Prochorva.

Dann kamen Olja und Sereža.

Als Sereža vom Grubenrand aus seine Handvoll warf, erhaschte er einen Blick auf Ermilovs Beine.

Die Totengräber setzten die Spaten an und schoben routiniert die Erde in die Grube.

Die Gedächtnisfeier fand im Haus des Verstorbenen statt.

An zwei ausgezogenen Tischen saßen etwa zwanzig Personen.

Ilja Fedorovič erhob sich von seinem Platz, schwieg einen Moment, blickte vor sich hin, dann begann er:

– Freunde, es fällt mir schwer, sehr schwer, zu sprechen . . . Ich bin sechs Jahre älter als Kolja und jetzt . . . ich hätte niemals gedacht, daß ich es bin, der ihn begräbt . . . Wir sind gemeinsam aufgewachsen, unsere Familie war einträchtig, die Eltern erzogen uns, sagen wir es ohne Umschweife, spartanisch. Damit wir, wie unser Vater sagte, richtige Männer würden. Und er hat recht behalten. Kolja wurde zu einem echten Kämpfer, einem wirklichen Menschen. Einem Menschen mit großem Anfangsbuchstaben ... Hier sind die Angehörigen und Freunde versammelt, Koljas Kollegen, Freunde, die die nicht einfache Arbeit des Geophysikers mit ihm teilten. Wir alle wissen, daß Kolja immer ein redlicher, guter Mensch war. In jeder Situation konnte man auf ihn zählen ... Doch ich möchte von einer anderen Eigenschaft Koljas sprechen, die ich, als sein Bruder, besser kenne als ihr. Diese Eigenschaft ist Aufrichtigkeit, Geradheit. Er war schon als Junge in allem aufrichtig und ehrlich, und auch später gab es bei ihm niemals ein unausgesprochenes Wort oder Heuchelei. Das konnte er nicht ertragen. Kolja sagte immer allen ins Gesicht, was er dachte. Hier sitzen Koljas Kinder – Katja und Maša. Zwei reizende, sympathische Mädchen. Sie haben diese bewundernswerte Eigenschaft vom Vater geerbt – Ehrlichkeit ... Ich wünschte mir, daß ihr Mädchen und du, Sonja, und wir alle zusammen Kolja in allerbester Erinnerung behalten. Zur ewigen Erinnerung, mein lieber Bruder ...

Als zweiter, nach einer kurzen Pause, stand Viktor Aristovič Piskunov auf. Er sagte:

– Freunde. Heute ist für uns ein schwerer Tag. Wir haben Kolja verloren. Das ist ein schwerer und unersetzlicher Verlust. Es ist schwer zu glauben, daß er nicht mehr unter uns ist. Ich kenne Kolja und seine Familie beinahe zwanzig Jahre. Wir fuhren gemeinsam auf Expeditionen, arbeiteten bis zum Schluß zusammen. Doch für mich war Kolja mehr als nur ein Kollege. Er war mir ein wahrer und sehr naher Freund. All meine persönlichen und beruflichen Pläne, alle Freuden und allen Kummer vertraute ich ihm bedenkenlos an. Und er vertraute mir die seinen an. Wir haben einander niemals etwas abgeschlagen. Sind uns immer entgegengekommen. Haben immer versucht, in einer schweren Minute dem anderen zu helfen. Wie heißt es im Lied: Ein Freund ist nicht, mit wem man Lieder singt, ist nicht, mit wem man Tafelfreuden teilt. Also, Kolja und ich hatten nicht nur Lieder zu singen und Feste zu feiern. Hier an diesem Tisch sind mehr als die Hälfte Geophysiker. Wir alle, Genossen, wissen, was das für ein Leben ist auf geophysikalischen Expeditionen. Kolja und ich haben ganz Sibirien abgefahren. Probleme gab es viele. Und es gab Momente, die waren einfach schlimm. Als unsere Freunde sich im Schneesturm verirrt hatten. Doch gerade in solchen Situationen zeigte sich Koljas Charakter als wirklicher Freund. Er hatte keine Angst, er zitterte nicht, wenn es schwierig wurde, er kam als erster zu Hilfe . . . Überhaupt, möchte ich sagen, lebte Kolja immer für andere, sorgte sich um andere, niemals um sich selbst. Wir alle sind ihm dankbar dafür. Wir alle werden seine Güte, seine Aufrichtigkeit, seine Herzlichkeit im Gedächtnis behalten. Laßt uns Koljas gedenken . . .

Alle hoben die Gläser und Pokale und leerten sie bis auf den Grund.

Etwa zehn Minuten später sprach Sereža.

Er erhob sich von seinem Stuhl und begann:

– Genossen, mir fällt es doppelt schwer, zu sprechen. Weil vor ganz kurzer Zeit, vor zwei Monaten, mein Vater gestorben ist, ein enger Freund von Nikolaj Fedorovič, sein Studienkollege im Institut. Damals kamen Nikolaj Fedorovič und Sofja Alekseevna zu uns nach Volgograd, meinen Vater zu begraben. Olja und ich erinnern uns buchstäblich an jedes Wort, daß Nikolaj Fedorovič am Grab meines Vaters sagte. So hat wohl niemand sonst gesprochen. So einfach und aufrichtig. So von ganzem Herzen. Nikolaj Fedorovič zitierte damals sein Lieblingsgedicht: »Die Menschen gehen, du holst sie nicht zurück, du stellst sie nicht mehr her, die Welt des Glücks, doch jedesmal möcht ich von neuem schreien ob dieser Unumkehrbarkeit . . .« Und heute nehmen wir Abschied von Nikolaj Fedorovič. Als das Telegramm kam, konnte es keiner von uns glauben. Und ich . . . überhaupt . . . ich kann es jetzt noch kaum glauben. Daß Nikolaj Fedorovič nicht mehr unter uns ist. Daß wir seine fröhliche Stimme nie mehr hören werden . . . Erst jetzt habe ich ganz begriffen, was für ein Mensch Nikolaj Fedorovič Ermilov war. Ilja Fedorovič hat ihn gerade einen Menschen mit großem Anfangsbuchstaben genannt. Das ist sehr wahr. Nikolaj Fedorovič war wirklich ein Mensch mit großem Anfangsbuchstaben, ein wahrer Mensch. Aber für mich . . . für Olja und mich war er mehr als das. Er war ein großer Mensch. Es ist nämlich so . . . Genossen . . . Überhaupt . . . ich bin jetzt sehr aufgewühlt . . . Ich habe noch niemals in meinen achtundzwanzig Jahren so geredet . . . und um so weniger auf der Begräbnisfeier für Nikolaj Fedorovič. Vielen mag das Wort »groß« vielleicht unangebracht erscheinen, doch denkt nicht, Genossen, daß ich das heuchlerisch sage oder einfach um des schönen Wortes willen. Ich sage es von ganzem Herzen noch einmal: Für Olja und mich war und bleibt Nikolaj Fedorovič ein großer Mensch . . . Ein großer Mensch. Sicherlich klingt das sonderbar – denn Nikolaj Fedorovič war ein gewöhnlicher Geophysiker, er hat sein Leben lang gearbeitet wie alle anderen und nichts Übernatürliches vollbracht. Doch das, Genossen, stimmt für die, die ihn nicht wirklich kannten. Olja und mir hat er einfach eine neue Welt eröffnet . . .

Es ist nämlich so, daß Olja . . . das heißt, Olja und ich haben vor neun Jahren geheiratet, als ich neunzehn war und sie achtzehn. Unsere Eltern wollten uns davon abbringen, sagten immer wieder, das sei zu früh, wir würden das Leben nicht kennen. Natürlich kannten wir es nicht. Doch dafür liebten wir uns. Und wir haben uns in unseren Gefühlen nicht geirrt ... Doch ich sage euch die Wahrheit – wenn unsere Liebe wunderbar war, so begann unser Familienleben unglücklich. Es ist nämlich so, daß ich von Geburt an ein unterentwickeltes Glied hatte. Es war sehr klein, und in erigiertem Zustand betrug seine Länge neun Zentimeter. Und es war ganz dünn. Tja, und natürlich gestaltete sich unser Geschlechtsleben unbefriedigend. Ich konnte meine Frau nicht einmal richtig deflorieren. Und Olja erlebte das alles sehr schmerzlich. Um so mehr, als sie mit mir in all diesen Monaten niemals einen Orgasmus hatte. Und ich quälte mich auch sehr und hatte schließlich auch keinen Orgasmus mehr und kam nicht mehr. Das heißt, ich hatte keine Ejakulation. Auf dieser Grundlage gab es Verstimmungen, Zwistigkeiten. Olja wollte mich mehrmals verlassen, sprach von Scheidung ... Heute ist es mir bitter, daran zu denken. Und es ist offen, wie alles geendet hätte, wenn ich Nikolaj Fedorovič nicht begegnet wäre. Damals besuchte er meinen Vater, nach einer Expedition. Ja. Sie trafen sich damals häufig. Mein Vater fuhr nach Moskau, Nikolaj Fedorovič kam zu uns ... Und nun, ich erinnere mich, wir aßen alle zusammen zu Abend, und dann ging Olja schlafen, Vater und Mutter zogen sich auch zurück, und Nikolaj Fedorovič sagte zu mir: Gehen wir auf den Balkon, eine rauchen. Und wir gingen auf den Balkon. Und da sagte er mir: Mit Olja und dir geht es wohl schlecht? Und ich sagte: Wie haben Sie das erraten? Und er sagte, erstens sähe man das sofort, und dann hätte es ihm mein Vater gesagt. Und dann erzählte ich ihm gleich alles, absolut ohne mich zu genieren. Hinterher wunderte ich mich sehr – wie war das gekommen, ich hatte nämlich darüber noch mit niemandem auch nur ein Wort reden können. Und jetzt – gleich alles auf einmal. Nikolaj Fedorovič dachte damals nach, rauchte und sagte zu mir: Weißt du was, leg dich hin, morgen reden wir beide darüber. Und, sagte er, denk daran, wo ein Wunsch ist und ein Wille, da weicht alles zurück vor dem Menschen, jede Schwierigkeit. Ich legte mich hin. Und am Morgen, als alle losgefahren waren, saßen Nikolaj Fedorovič und ich in der Küche und tranken Kaffee. Und er sagte zu mir: Weißt du, Sereža, was Wille ist? Ich sagte, ich hätte davon gehört. Und er sagte: Nein, du weißt es nicht. Der Wille, sagte er, ist das, woran unsere ganze Welt hängt. Und jeder Mensch lebt nur durch seinen Willen. Und wenn der Mensch etwas wirklich will, dann geht alles in Erfüllung. Und er sagte zu mir: Sereža, du willst also ein Mann werden? Ich sagte, ja. Sehr? sagte er. Sehr, sagte ich. Da sah er mich so eindringlich an und zog ein Papierchen aus der Tasche. Hier ... dieses ...

Sereža zog aus der Brusttasche seines Anzugs ein rechteckiges Papier, ähnlich einer Visitenkarte.

– Hier, und gab es mir. Und auf dem Papierchen steht auf der einen Seite, hier, schauen Sie ... hier ... EINEN UMLEGEN ... hier, und auf der anderen ... DEN ARSCH DURCHBLASEN ... Und ich fragte ihn: Was ist das? Und er sagte: Das sind die beiden Bedingungen, die du erfüllen mußt. Die erste, du mußt einen Altersgenossen aufhängen. Und die zweite, du mußt mit mir in deiner Afteröffnung den Geschlechtsakt vollziehen. Ja. Erst dann wirst du zum Mann werden. Ich studierte damals am Polytechnischen Institut, bei uns in Volgograd. Und nun, Genossen, nach diesem Gespräch dachte ich quasi an nichts anderes. Doch ich sagte niemandem etwas. Und eine Woche später überredete ich einen meiner Kommilitonen, Vitja Sotnikov, mit mir an die Seen zu fahren. Wir packten alles Nötige ein und fuhren. Und am Abend kamen wir an, machten ein Lagerfeuer, stellten das Zelt auf. Wir tranken Wein. Und, das muß ich sagen, Vitja hatte eine unerwiderte Liebe, das heißt, das

Mädchen, das er liebte, ging mit einem anderen Jungen. Er hatte mir oft davon erzählt. Und als wir uns nun schlafen legten, wartete ich, bis er eingeschlafen war, stand auf, nahm das Seil, das ich mitgebracht hatte, schlich mich leise an, stürzte mich von hinten auf ihn und erdrosselte ihn mit dem Seil. Dann band ich das Seil an einen Ast, hängte ihn auf, und vor seine Füße legte ich einen Holzklotz, als hätte er ihn an den Baum gelehnt, sich daraufgestellt und wäre dann abgesprungen und hätte sich erdrosselt. So. Und dann, früh am Morgen, hatte ich alles hingeschmissen, rannte zum Bahnhof, zur Miliz, und erzählte, Vitja hätte sich aufgehängt. Ja, und natürlich gab es einen schrecklichen Spektakel, ein Verfahren wurde eingeleitet, ich sagte, er hätte die ganze Zeit von Olga geredet, das heißt von seinem Mädchen, und am Vorabend sogar geweint. Bei mir zu Hause und auch im Institut war damals ein schrecklicher Aufruhr. Einfach schrecklich. Alle fühlten mit, weil sie Vitjka von Kindheit an kannten. Diese Olga nahm ein Freisemester und fuhr zu ihrer Tante nach Erevan. Nikolaj Fedorovič war bei uns. Und jedesmal, wenn wir beide allein waren, reckte er den Daumen und sagte: Ein ganzer Kerl! Beinahe schon ein Mann . . . Ja. So sagte er: Ein ganzer Kerl, beinahe schon ein Mann. Ja. Und dann, vor seiner Abreise, bat er mich, ihn zum Abschluß mit dem Motorboot meines Vaters auf der Volga spazieren zu fahren. Nun, und als wir die breite Wasserstraße verlassen hatten, sagte er, stell den Motor ab. Ich stellte ihn ab. Er sagte, laß die Hosen runter, bück dich. Ich ließ sie herunter und bückte mich. Er rieb mir die Analöffnung mit Vaseline ein, und dann vollzog er mit mir den Geschlechtsakt. Es tat sehr weh. Und als er kam, sagte er: Ein ganzer Kerl, jetzt bist du ein Mann! Jetzt wird mit Olja und dir alles gut. Und am Abend reiste er ab. Und mit Olja und mir wurde von da an wirklich alles gut, alles renkte sich ein. Das heißt nicht in bezug auf den Sex und so, sondern einfach . . . na, irgendwie, alles . . . So. Und, Genossen, seitdem sind acht Jahre vergangen, und wir sind noch immer zusammen. Doch das Wichtigste ist, mein Glied ist danach genauso geblieben, weil es gar nicht darum geht, sehen Sie . . .

Sereža legte das Papierchen, das er die ganze Zeit in den Händen gehalten hatte, auf den Tisch, knöpfte sich rasch die Hosen auf, ließ die Unterhosen herab, hob das Hemd ein wenig und zeigte allen die entblößte, mit wenigen weißen Haaren bewachsene Leistengegend. Über den winzigen Hoden stand sein steifes, weißes, neun Zentimeter langes Glied, fingerdick. In die ovale rosa Eichel war der Buchstabe E eintätowiert.

Unter allgemeinem Schweigen hob Sereža mit zitternder Hand sein Vodka-Glas und sagte:

– Ewiges Gedenken, Nikolaj Fedorovič Ermilov . . .

DAS DENKMAL

Und da rückte ihm Fiks mal eben die Fresse zurecht, wir legten ihn auf den Tisch, fesselten ihn mit chinesischen Handtüchern, und Miška ging das Bügeleisen holen, und Fiks sagt zu ihm »Wo ist Milkas Knete?« Und er, das Schwein, war ganz blutverschmiert, aber sagt kein Wort, und da haute ihm Fiks eins in die Magengrube, und noch mal. Und der fing an zu röcheln wie ein Elch, und Miška brachte das Bügeleisen und schaltete es ein, und ich zog ihm das Hemd hoch bis zum Kinn. Und Fiks sagt »So, du Sau, wo ist Milkas Knete?« Aber er brüllt, und nichts weiter. Da stellte ich ihm das Bügeleisen auf den Bauch, es wurde heiß, und er fing an zu schreien. Und Fiks: »Rede, du Sau, wo ist das Geld von Milka und Serega?« Aber er fing so an zu schreien, daß Miška ihm das Maul mit einem Handtuch stopfte, und er wand sich direkt auf dem Tisch, wie ein Wurm, und ich hielt das Bügeleisen, und Fiks fing an, ihm in die Fotze zu hauen, und er schiß sich voll, und es roch nach Scheiße, und ich nahm das Bügeleisen weg, und Miška zog ihm das Handtuch raus, und da sagt er »Im Schlafzimmer unterm Parkett«. Miška blieb bei ihm, und Fiks und ich gingen ins Schlafzimmer, rückten das Bett zur Seite, und ich setzte das Eisen an, hob ein Brett, und dort fanden wir das flache Versteck und darin die ganzen sechsunddreißig in neuen Scheinen. Und Miška schreit »Na, habt ihrs gefunden?« Und wir sagen »Gefunden, gefunden«. Und packten alles in meine Tasche. Fiks sagt »Das wärs«. Wir gingen zu Miška, und Fiks sagt »Alles in Ordnung, Miša, jetzt können wir zur Feier des Tages auch pissen«, zog einen Stuhl heran, stieg drauf und pißte diesem Schwein in die blutverschmierte Fresse, und Miška sagt »Wenn ich kacken müßte, würde ich auf ihn kacken«. Aber ich mußte auch nicht kacken. Und da zog Fiks diesen silbernen Nagel hervor, ging in die Kammer, fand einen Hammer und sagt »Hier, du Sau, erinnerst du dich an die beiden Ringe, die du Serega zusammen mit dem Scheißefresser von den Fingern geschnitten hast?« Der kein Wort. »Also« sagt Fiks »ich hab mir diesen Nagel daraus machen lassen«. Und schlug ihn ihm in die Stirn. Und der lebte immer noch und schrie die ganze Zeit wie ein Schwein. Und stank nach Scheiße. Und Fiks sagt »Kommt, jetzt amüsieren wir uns«. Und fing an mit dem Hammer Vasen zu zerdeppern. Und Miška und ich gingen ins Schlafzimmer, versuchten, den Schrank aufzubrechen, aber erst gab er nicht nach, er war nicht hoch, Mahagoni mit geschnitztem Oberteil, ein alter, blind gewordener Spiegel über die ganze Tür, die wir mit dem neuen, nach Öl stinkenden Eisen aufbrachen. Der Naphthalingeruch erschlug uns fast. Der Schrank war bis zum Gehtnichtmehr vollgestopft mit Kleidern – Mäntel, Lederjacken, Pelze. Sie hingen dermaßen dicht, daß es unmöglich schien, irgend etwas herauszuziehen. Doch was konnte uns bremsen – uns junge, kräftige Kerle, denen das heiße Blut durch die Adern rauschte? Mit seiner dunklen, sehnigen Mehlhändlerhand krallte sich Miša in die Schulter eines Ledermantels, zerrte an ihm und riß ihn heraus wie einen faulen Zahn. Seinem Beispiel folgend, zog ich an einem Karakulpelz mit Polarfuchskragen, warf ihn auf den Boden, und kraftlos hingestreckt lag er uns zu Füßen. Unter fröhlichem Gequatsche schleuderten wir gemeinsam den Inhalt des Schranks auf den Boden, und schnell wuchs ein naphthalinstinkender Haufen in der Mitte des Zimmers, was die Akustik auf erstaunliche Weise veränderte: Unsere Stimmen klangen weicher, gedämpfter, unsere Ausrufe schienen im Wirrwarr von Pelz und Leder hängenzubleiben, Vulgarismen und Obszönitäten bekamen etwas sonderbar Welkes.

Was also braucht eigentlich der Mensch? Er betritt sein Haus, spürt Angst, Einsamkeit und noch etwas Unsagbares, quälend Vertrautes und zugleich Fremdes, das abstößt mit kalter Unfreundlichkeit, wovon sich das Herz zusammenzieht und Tränen in die Augen treten. Doch er geht weiter, er versteht in seiner Unwissenheit, daß die klaffende Weite des scheuen Gegenstands sein Gedächtnis, sein Ohr, seine Zunge immer gleichgültig lassen wird. Niemals verzeiht der Mensch der Selbstliebe, die ihn verraten hat, jene Höhen und Tiefen der blinden Qual, die in der Lage ist, den verhängnisvollen Strich zu ziehen zwischen zwei, wie es scheinen könnte, verwandten Phänomenen – dem Atmen und der Willenlosigkeit. Schrecklich wird er sein, dieser Dialog, dieses stumme Duell von Schmerz, Gleichgültigkeit und Erleuchtung. Doch alles, was in der Vergangenheit geschah, findet so oder anders seine Gläubiger, die bereit sind, die Herausforderung an das Feierliche, Denkwürdige, Mittelmäßige zu verbreiten und zu verewigen. Und dies geschieht. Es geschieht mit jener Kompromißlosigkeit, zu der nur ein wirklicher Ritter fähig ist, dessen zugrunde gerichtetes Gewissen Entfremdung und Ausweglosigkeit nicht verzeiht. Doch es verzeiht auch nicht die Verzweiflung. Und nur die in ihrer Sorglosigkeit dienstfertige Freude des Vergessens wird begriffen, angenommen, ihres Nimbus beraubt. Wozu fehlgehen und schwanken, schweigen und hoffen? Wie die einfache Beziehung zur Vergangenheit vor dem illusorischen Spiel des vom Zerfall berührten Herzens bewahren? O weh, das Rezept ist einfach: Man baue ein Denkmal. Es wird nicht wider unsere minderwertige Abhängigkeit von einem entstellten Wesen zeugen, sondern ganz im Gegenteil – in vollem Maße die

Tiefe und Abtrünnigkeit einer romantischen Auffassung von Ernsthaftigkeit fühlen lassen. Diesen einfachen Entschluß brauchen sowohl unser Glaube als auch unsere peniblen Ansprüche auf Barmherzigkeit. Nicht er braucht uns, wir brauchen ihn – diesen präzisen, der das Eis der eidbrüchigen Sorglosigkeit schmelzt, frühere Verirrungen zunichte macht.

Doch wer baut dieses Denkmal? Ich. Und wie baust du es? Ganz einfach – ich mache einen Abdruck meines Körpers, in leicht gebückter Haltung, natürlich nackt. So. Dann stelle ich eine Form her und gieße mich in reinem Gold. Ich suche mir einen Platz, irgendwo im Zentrum der Hauptstadt, lasse Gebäude sprengen und die Trümmer abfahren. Schließlich leg ich eine Gasleitung, pflastere den neugeschaffenen runden Platz mit Marmorplatten und errichte in seinem Zentrum auf einem Sockel aus weißem Jadestein meinen goldenen Körper. An einem heiteren Sommertag, wenn das Volk herbeiströmt zu den Klängen des sonnigen Mozart, gleitet der Seidenschleier herab und entblößt den entblößten, goldenen Mann mit dem in der Sonne funkelnden, leicht herausgestreckten Hintern, aus dessen Zentrum, von einem würdigen Vertreter der Gesellschaft entzündet, eine feierliche Gasflamme schlägt. DEM EWIG BRENNENDEN FURZ wird in den Sockel eingemeißelt sein. Ja. Und es wird das wichtigste Monument sein. Des Volkes Pfad zu ihm wird niemals zugewachsen sein.

DIE SITZUNG DES GEWERKSCHAFTSKOMITEES

Kurz nach acht erschien Vitjka Piskunov beim Betriebsklub – die beiden Laternen am Eingang brannten schon, zwischen den abgebröckelten, zehn Meter hohen Säulen drängten sich junge Männer. Als sie Vitjka bemerkten, unterbrachen sie ihre Unterhaltung und wandten ihm die betrunkenen Gesichter zu:

– Grüß dich, Piskun.

– Hallo . . .

– Na was ist, bist du bereit?

– Klar. Physisch und moralisch, – Vitjka zog eine Papirossa hervor und ging auf einen breitgesichtigen Typen zu, – gib mir mal . . .

Der Typ nahm die Zigarette aus dem Mund und hielt sie Vitja hin:

– Die haben sich schon versammelt. Warten auf dich.

– Zum Teufel mit ihnen, – Vitjka rauchte seine Papirossa an.

– Ist schon klar . . . Aber schwitzen wirst du müssen, soviel steht fest.

– Was regst denn du dich auf? Ich werd doch schwitzen, nicht du, – den Kopf im Nacken, blies Vitja den Rauch aus und sah in die Sterne.

– Ich reg mich nicht auf, nur so, – der Typ drückte die Zigarette an der Säule aus. Ein anderer, lang und hakennasig, bleckte die Zähne und schlug Vitjka auf die Schulter.

– Keine Bange, Jungs, den Vitjka kriegen sie nicht klein! Der macht jeden anderen fertig! Was, Vitjka?

Piskunov lehnte an einer Säule und rauchte schweigend.
– Tja, Piskun, du hast dich ganz schön reingeritten, – ein anderer Typ schüttelte den Kopf. – Ich beneide dich nicht.
– Komm, Ženj, verdirb ihm nicht die Laune . . .
– Aber warum die ausgerechnet im Saal . . .?
– Der Klub wird renoviert.
– Achso . . . alles klar.
Piskunov rauchte aus, schnippte die Kippe ins Blumenbeet, schob den Breitgesichtigen beiseite und ging zur Tür.
– Kommst du zum Tanzen?
– Weiß noch nicht . . .
– Überhaupt, Vitek, da ist eine Flasche fällig aus Anlaß dieses Anlasses, – nuschelte der Hakennasige hinter Piskunov.
– Eine Flasche? – Vitjka hatte die Tür schon in der Hand und drehte sich um. – Selbst Flasche! Du bist dran, noch vom Fußball . . . Bei mir verkommt die nicht, keine Sorge . . .
Er schlug die Tür zu und stand im Vestibül.
Es war leer.
Das Fensterchen der Kasse war nicht erleuchtet. An der Garderobe hingen der Kittel der Putzfrau, drei Mäntel und Klokovs grauer Regenumhang.
»Der ist auch da«, – dachte Piskunov beim Durchqueren des Vestibüls, – »den speist man nicht so einfach ab, der braucht eine Sitzung.«
Die Tür zum Saal stand offen.
Piskunov ging hinein.
Auf der spärlich beleuchteten Bühne, unmittelbar unter dem riesigen Lenin-Porträt, saßen Leute. Sie belegten die Mitte des langen, mit rotem Stoff bespannten Tisches.
– Darf man eintreten? – fragte Piskunov halblaut. Seine Stimme hallte durch den leeren Saal.

– Komm rein, komm rein, – antwortete die Simakova. Sie saß direkt in der Mitte und sortierte irgendwelche Papiere.
– Es geht wohl auch hier nicht ohne Verspätung, – ihr Nachbar Chochlov sah auf die Uhr. – Viertel nach acht.
– Angewohnheit, – Klokov lachte laut, – das ist ihm schon in Fleisch und Blut übergegangen. Tag für Tag, so ist Piskunov. Wer kommt zu spät – Piskunov. Wer ist betrunken – Piskunov. Wer gibt dem Meister fr . . .
– Sergej Vasiljič, – unterbrach ihn die Simakova. – Zu Piskunov kommen wir gleich. Lassen Sie uns mit den Urlaubsplätzen abschließen. Und du, Piskunov, setz dich erst mal.

Vitjka ging ohne Eile zwischen den Sesseln hindurch und setzte sich an den Rand, in die Nähe der Tür.
– Wenn wir der Schmiede hundert geben und hundertzehn der Gießerei, wie Staruchin vorschlägt, dann bleiben für die Montage nur vierundachtzig Plätze. Und für den Fuhrpark überhaupt nur zwölf . . . das heißt vierzehn, – Chochlov raschelte mit seinen Papieren.
– Ganz richtig, – sagte die Zvjaginceva ruhig und klopfte mit dem Bleistift auf den Tisch. – Die Montage erfüllt nie den Plan, hat den Betrieb immer in Schwierigkeiten gebracht. Die Schmiede und die Gießerei drängen auf höheres Tempo, und die Montage bremst: Mal gehen ihnen die Maschinen kaputt, mal ist es die Fluktuation bei den Arbeitern . . . Und deshalb verwöhnt sie der Betrieb auch nicht – keine Wohnungen, keine Einkaufsbestellungen, keine Urlaubsplätze. In den Wohnheimen sitzen die ganzen Zeitarbeiter.
– Na, zugegeben, nicht nur deshalb gibt es keine Wohnungen, – Klokov sah finster drein. – Auf dem Bau klappt auch nicht alles. Die Wohnungen kommen. In Jasenevo ist der Grundstein zu drei Häusern gelegt, in Medvedkovo für zwei. Und die Montageleute muß man auch verstehen. Bei

uns ist schließlich die Verantwortung größer und die Bedingungen sind schlechter. Und bezahlt werden unsere Leute nicht gerade üppig . . .

– Ja nun . . .! – die Zvjaginceva richtete sich auf, wovon die beiden Orden an ihrem grauen Jackett schwach klimperten. – Nicht üppig bezahlt! Die Bezahlung ist für alle gleich. Arbeiten müßt ihr! Den Plan erfüllen! Dann werdet ihr auch gut bezahlt und könnt einkaufen und bekommt Urlaubsplätze. Der gesamte Betrieb kippt wegen der Montage. Der gesamte Betrieb!

– Aber man muß doch Verständnis dafür haben, daß die Arbeit am Fließband schwerer ist und für hundertvierzig Rubel keiner besonders darauf bre . . .

– Verständnis! Da sitzt einer, zeigen Sie für ihn Verständnis! – die Zvjaginceva zeigte mit dem Bleistift in den halbdunklen Saal, wo zwischen den runden Sesseln der Kopf Piskunovs auftragte. – Das ist doch euer Früchtchen, aus der Montage. Zeigt Verständnis! Er säuft, treibt sich herum, und wir sollen Verständnis zeigen.

– Tatjana Jurjevna, genug davon, – sagte die Simakova. – Lassen Sie uns die Urlaubsplätze verteilen. Ich habe morgen meinen Rechenschaftsbericht im Unionszentralrat der Gewerkschaften zu geben, ich muß noch die ganze Nacht sitzen . . . Also, entweder bekommen alle gleich viel, oder wie Staruchin vorgeschlagen hat.

– Gleich viel geht nicht, – warf Urgan ein, – Tatjana Jurjevna hat recht. Am besten arbeiten die Gießer. Ihnen müssen wir auch am meisten geben. Sollen die Montageleute eben zu einem Touristenstützpunkt fahren. Ich war im letzten Jahr bei Saratov – wunderhübsch anzuschauen. Das Essen ist gut und die Volga ganz in der Nähe. Nicht schlechter als im Süden.

– Eben, – die Zvjaginceva wandte sich ihm zu. – Sollen sie dorthin fahren. Auf einmal wollen alle in den Süden. Pis-

kunov hat wahrscheinlich auch einen Antrag gestellt. Wie ist es, Piskunov?
– Ich? – Vitjka hob den Kopf.
– Du, du, wer sonst.
– Wie – nach Jalta, oder was?
– Ja.
– Was ich da alles gesehen hab. Da geh ich lieber zu meiner Tante nach Obninsk, da ist es ruhig und friedlich . . .
– Der hat das richtige Bewußtsein, – die Zvjaginceva lächelte. – Ruhig und friedlich. Wenn sie mal alle so wären – ruhig und friedlich! Aber nein, – sie klopfte auf einen Stapel Papiere, – vierhundert Anträge!
– Vergeben wir also, wie Staruchin vorgeschlagen hat? – fragte die Simakova.
– Natürlich.
– Machen wir es so . . .
– Das ist einfach und korrekt.
– Und vor allem – ein Anreiz. Wer gut arbeitet, bekommt einen Urlaubsplatz.
– Richtig.
– Stimmen wir ab?
– Ach, das ist unnötig. Es ist ja alles klar.
Die Simakova schrieb etwas in ihren Block.
– Oksana Pavlovna, – Chochlov beugte sich vor. – Bei uns in der Abteilung arbeitet eine Frau, Mutter von drei Kindern, Aktivistin, gesellschaftlich engagiert. Aus einer alten Arbeiterfamilie. Es wäre sehr schön, wenn sie einen Platz bekommen könnte.
– Ich habe auch zwei solche. Ganz jung, aber gesellschaftlich sehr engagiert, – fügte Klokov hinzu.
– Die Aktivisten, die Veteranen, die Invaliden versorgen wir wie immer, – antwortete die Simakova. – Aber das später, Genossen. Hauptsache, wir haben auf die Abteilungen verteilt. Die entscheiden dann schon selbst . . .

Kommen wir zu Piskunov. Steh auf, Piskunov! Komm hierher!

Vitjka erhob sich ohne Eile und trat an die Bühne.

– Komm hoch, komm hoch zu uns.

Er stieg die Holzstufen zur Bühne hoch und stellte sich neben die Tribüne. Eine Weile sahen ihn die Versammelten an.

– Etwas neuere Hosen konntest du wohl nicht auftreiben? – fragte Klokov.

– Nein, – Vitjka musterte den riesigen Knoten an Iljičs Krawatte.

– Wenn du sie wenigstens saubergemacht hättest. Wie dreckig die sind. Du bist schließlich nicht zum Tanzabend hergekommen, nicht in den Schnapsladen.

– Zum Tanzen hätte er schon andere gefunden, – warf die Zvjaginceva ein, – Hosen und auch ein Hemd. Und die Krawatte hätte er auch nicht vergessen. Und dann hätte er mit seinen Kumpanen einen halben Liter alle gemacht.

Die Simakova legte zwei Blätter vor sich hin:

– Dem Gewerkschaftskomitee liegen zwei Berichte vor. Der erste stammt vom Meister der Montageabteilung, dem Genossen Šmelev, der andere von der Gewerkschaftszelle der Abteilung. In beiden bitten die Genossen das Gewerkschaftskomitee, das Benehmen von Piskunov, Viktor Ivanovič, Fräser in der Montage, zu prüfen. Ich verlese . . . Der Meister schreibt:

»Ich setze das Gewerkschaftskomitee des Betriebes davon in Kenntnis, daß der in meiner Brigade arbeitende Viktor Piskunov systematisch gegen die Arbeitsdisziplin verstößt, daß er betrunken am Arbeitsplatz erscheint und daß er die Produktionsnormen nicht erfüllt und daß er seinen Vorgesetzten, den Arbeitern und mir Grobheiten sagt. Seit Juni dieses Jahres hat Piskunov wieder zu trinken angefangen, er erscheint heftig schwankend im Betrieb und gebraucht grobe unanständige Ausdrücke. Ich habe ihn viele Male gewarnt, gebeten, sogar angeschrien, doch das läßt ihn alles kalt – er trinkt, flucht, sagt Grobheiten, randaliert. Am sechzehnten Juli, als er an der Fräsmaschine arbeitete und eine Gehäusestirnseite fräste, fügte er ein Werkstück falsch herum an, was eine starke Beschädigung der Maschine nach sich zog. Als ich ihn aber rügte, nahm er ein anderes Werkstück und warf es nach mir, doch ich konnte ihm ausweichen und ging zum Abteilungsleiter. Piskunov hat seine Maschine auch vorher nicht gepflegt, auf das Relais hat er ein obszönes Wort geritzt und daneben ein obszönes Bildchen. Als ich ihn bat, es zu entfernen, sagte er, daß er einen Stimulus brauche. Und am zehnten Juli hat er im Umkleideraum Fedor Baryšnikov verprügelt, und zwar so, daß man diesen zur Sanitätsstation bringen mußte. Wegen Piskunov hat unsere Brigade niemals den Plan erfüllt, weil er niemals mehr als zweihundert Gehäuse fräste, und dreihundertfünfzig sind die Norm. Ich habe das der Leitung oft gesagt, doch die sagt, bei uns wäre die Fluktuation sowieso so groß, wir müßten die Leute erziehen und nicht rauswerfen. Und Piskunov, wenn ich ihn rüge, zückt den Kugelschreiber und sagt: Gib mir Papier, ich kündige, und ich brauch euren Betrieb nicht. Und er spricht schlecht über seine Betriebsfamilie. Und er flucht. Ich arbeite dreiundzwanzig Jahre in unserem Betrieb, und als Mitglied der Partei fordere ich, daß auf Piskunov effektive Maßnahmen angewandt werden, daß man effektiv mit ihm spricht, wie es sich gehört. Man hat ihn doch schon zweimal vors Gewerkschaftskomitee gebracht, und gar nichts. Unser ganzes Kollektiv schließt sich mir an und fordert ein effektives Gespräch mit Piskunov.

Meister Andrej Šmelev«

Durch die halbgeöffnete Tür des Saals kam eine Putzfrau mit Eimer und Schrubber herein. Sie stellte den Eimer auf den Boden, nahm den Lumpen vom Schrubber und fing an, ihn im Eimer auszuwaschen.

Die Simakova nahm das andere Blatt zur Hand:

– Das ist von der Gewerkschaftszelle ... »Die Mitglieder des Gewerkschaftskomitees der Abteilung bitten das Komitee des Betriebes, auf seiner nächsten Sitzung das Benehmen des Fräsers Viktor Piskunov zu prüfen. Im Laufe des letzten Monats verletzte Piskunov regelmäßig die Arbeitsdisziplin, erschien in angetrunkenem Zustand zur Arbeit und erfüllte die Produktionsnorm nicht. Am sechzehnten Juli fügte Piskunov in betrunkenem Zustand seiner Maschine einen starken Schaden zu, womit er die Arbeit der gesamten Brigade für einen ganzen Tag aufhielt. Die Piskunov weggenommenen Progressivzuschläge haben in keinster Weise auf ihn gewirkt – er fährt nach wie vor fort, gegen die Disziplin zu verstoßen und der Abteilungsleitung und den Genossen Grobheiten zu sagen.«

Die Simakova legte das Blatt zur Seite.

– Ja, Piskunov. Du arbeitest noch kein Jahr im Betrieb, und schon kennen dich alle. Und nicht als Bestarbeiter, sondern als Faulenzer und als Alkoholiker.

– Was bin ich, Alkoholiker? – Piskunov hob den Kopf.

– Was denn sonst? – fragte Klokov, – ein waschechter Alkoholiker.

– Alkoholiker werden in der Klinik behandelt, und ich arbeite. Ich bin kein Alkoholiker.

– Aber nein! Er ist doch kein Alkoholiker! – sagte die Zvjaginceva mit gespieltem Ernst. – Er und Alkoholiker?! Am Morgen ein Gläschen, am Mittag ein Gläschen und am Abend eine halbe Flasche! Wie ist er denn da ein Alkoholiker?

Die Runde lachte.

Die Putzfrau wrang den Lumpen aus, zog ihn über den Schrubber und begann, den Mittelgang zu wischen.

Die Simakova seufzte:

– Ist dir klar, Piskunov, daß in betrunkenem Zustand zu arbeiten nicht nur für dich selbst gefährlich ist und für deine Maschine, sondern auch für deine Umgebung? Ist dir das klar?

– Ja.

– Ja und? Es ist dir klar, und du trinkst weiter?

– Aber ich trinke doch nicht . . . Es war ein einziges Mal, sie haben es so aufgebauscht, – er beugte sich vor, schüttelte den Kopf, – aufgebauscht, als ob ich jeden Tag, in Wirklichkeit hab ich einmal bei meinem Schwager, an seinem Geburtstag . . .

– Was lügst du denn hier, schämst du dich denn nicht?! – schrie die Zvjaginceva. – Schämst du dich nicht zu lügen! Du bist doch jeden Tag besoffen, jeee-den Tag! Hier, – sie wies mit dem Kopf auf Klokov, – sitzt dein Gewerkschaftsorganisator, wenn du dich wenigstens vor ihm schämen würdest!

Vitjka sah zu Klokov hinüber und bemerkte erst in diesem Moment den neben ihm sitzenden Serega Černogaev, Dreher aus der Nachbarbrigade. Serega sah ihn furchtsam und mit gespannter Aufmerksamkeit an.

– Ein einziges Mal, sagt er, – fiel Klokov ein. – Vielleicht war er ein einziges Mal nüchtern in der ganzen Zeit. Ich treffe ihn jeden Morgen im Umkleideraum, sehe ihm in die Augen – wieder betrunken. Richtige rote Kaninchenaugen.

– Was heißt rot? Was habe ich für rote Augen?

– Rote. Und die Visage weiß wie Milch. Und wankt von einer Seite zur anderen.

– Wann soll ich denn gewankt sein? Was lügen Sie sich da zusammen?

– Mein lieber Freund, keine Frechheiten! – Klokov klatschte mit der Hand auf den Tisch. – Ich bin nicht dein

Saufkumpan! Nicht Vasjka Senin! Nicht Petjka Kruglov! Mit denen kannst du so reden! Und stell dich anständig hin! Was lümmelst du an der Tribüne! Das hier ist keine Biertheke!

– Stell dich ordentlich hin, Piskunov, – sagte die Simakova streng. Vitjka stieß sich widerwillig von der Tribüne ab und stellte sich blinzelnd gerade hin. Die Putzfrau war mit dem Wischen fertig und starrte, auf den Schrubber gestützt, interessiert auf die Bühne.

Die Zvjaginceva betrachtete Piskunov mit leichtem Abscheu und schüttelte den Kopf:

– Tjaaa ... Es graust mich, dich anzuschauen, Piskunov. Du bietest einen erbärmlichen Anblick.

– Wieso bin ich erbärmlich?

– Jeder Alkoholiker ist erbärmlich, – warf Staruchin ein. – Und du bist da keine Ausnahme. Schau nur mal in den Spiegel. Du bist ja richtig aufgeschwemmt. Das Gesicht dunkelrot, weiß der Teufel ... Man mag gar nicht hinsehen.

Die Tür quietschte, ein hochgewachsener Milizionär mit einem Cellokasten in der Hand betrat den Saal. Die Versammelten sahen ihn an.

Der Milizionär zögerte einen Moment, ging dann langsam durch den Mittelgang und setzte sich an den Rand in die vierte Reihe. Den schwarzen Kasten lehnte er an den Nachbarsessel, nahm die Mütze von seinem schon etwas kahlen Kopf und hängte sie an den Kasten.

– Jetzt ist er ja noch friedlich, – murmelte Klokov und schielte zum Milizionär. – Aber was er in der Abteilung anstellt, im Umkleideraum ...

– Waren Sie vielleicht dabei?

– Man hat dir gesagt, such keinen Streit, – die Simakova lehnte sich vor. – Erzähl lieber, wie du Baryšnikov verprügelt hast. Oder hat sich Klokov das vielleicht auch ausgedacht?

Piskunov seufzte schwer, er verschränkte die Arme hinter dem Rücken. Der Milizionär blinzelte und sah ihn an. Die Putzfrau stellte den Eimer samt Schrubber im Mittelgang ab und setzte sich in die Nähe des Milizionärs.

– Was schweigst du. Erzähl.

– Was gibt es da zu erzählen . . . Er ist selbst als erster auf mich losgegangen. Er hat geflucht, mir gedroht . . . Und ich war müde, nicht bei Laune . . .

– Und dazu noch betrunken, ja?

– Na vielleicht, ein bißchen . . . Hatte am Morgen ein Bier getrunken.

– Und das war bis zum Abend nicht verflogen? – fragte Klokov. – Das gute Bier zu drei zweiundsechzig?

Die Mitglieder des Gewerkschaftskomitees lachten.

Die Putzfrau schüttelte den Kopf und schob ihr Kopftuch zurück. Der Milizionär sah weiter blinzelnd zur Bühne.

Die Simakova nahm einen Bleistift, drehte ihn in den Fingern und fragte:

– Das heißt, du hast deine schlechte Laune an deinem Genossen ausgelassen?

– Er hat angefangen. Hat mich beschimpft.

– Lüg nicht, Piskunov, – unterbrach ihn Klokov. – Nicht er hat angefangen, sondern du, du hast dich im Umkleideraum mit Petjka Kruglov betrunken und hast angefangen, ihn zu belästigen. Baryšnikov hat dich zur Ordnung gerufen. Und du hast ihn verprügelt. Hier sitzt der Zeuge, – er zeigte mit dem Kopf in Černogaevs Richtung. Alle schauten den Zeugen an. Černogaev wurde rot.

Vitjka sah Sergejs rotes Gesicht und wandte sich ab.

– Du schweigst? Aha! Die Wahrheit tut weh. Bedank dich bei Baryšnikov, daß er nicht Meldung gegen dich erstattet hat. Er hatte durchaus das Recht. Für den blauen Fleck hätten sie dir mindestens fünfzehn Tage gegeben.

– Ja wirklich, warum ist er nicht zur Miliz gegangen? fragte Urgan.
– Er ist eben ein guter Kerl. Hat es weggesteckt, als wäre nichts gewesen.
– Da hast du aber Glück gehabt, Piskunov.
– Solche haben immer Glück.
– Genau, genau, immer! – die Putzfrau erhob sich von ihrem Platz. – Ich bitte um Entschuldigung, natürlich, aber es ist doch so . . . – sie breitete die Arme aus, – mein Nachbar ist genauso, gaaanz genauso! Wie die Erde diese Parasiten trägt!

Sie schob sich aus ihrer Sesselreihe, lief vor zur Bühne und begann, ihre knotigen Finger zu biegen:
– Er arbeitet nirgends! Trinkt jeden Tag! Schleppt Mädchen nach Hause, randaliert, prügelt sich und was noch alles! Und keiner setzt ihn an die Luft! Ich war schon bei der Miliz und alles mögliche – aber nein! Er trinkt genau wie vorher!

Die Mitglieder des Gewerkschaftskomitees nickten mitfühlend.

Die Putzfrau seufzte und setzte sich in die erste Reihe.

Die Simakova sah zu Piskunov:
– Jetzt schleppt man dich zum dritten Mal vor das Gewerkschaftskomitee, Piskunov. Hast du denn gar kein Gewissen mehr? Du schadest doch dem Kollektiv, machst dem Betrieb Schande. Wenn du schon nicht an dich selbst denkst, dann denk doch wenigstens an die anderen. Deinetwegen erfüllt die Brigade den Plan nicht, das bedeutet, für alle weder Aufschlag noch Prämie. Ist dir das klar? Oder ist dir schon alles egal? Was schweigst du?! Alles egal, wie?!
– Das ist ihm doch Jacke wie Hose, Oksana Pavlovna – seufzte die Zvjaginceva. – Was getrunken – alles prima! Sich geprügelt – noch besser! Nicht zur Arbeit erschienen –

am allerschönsten! Und mit der Brigade hat er schon gar nichts am Hut!

– Weißt du, Piskunov, wie hoch der Schaden an deiner Maschine den Staat zu stehen kam? Nein? – fragte Klokov.

Vitjka schüttelte den Kopf.

Klokov erhob sich halb und stützte sich mit den Händen auf den Tisch:

– Wenn es nach mir ginge, ich würde dir alles abziehen! Dann wüßtest du es. Du wüß-test es! Aber so – Maschine kaputt, na und, er sitzt im Flur und raucht. »Vitja, was machst du da?« »Ich rauche.« Und sie reparieren die Maschine. Wenn du wenigstens beim Reparieren geholfen hättest! Aber nein, scheiß drauf. Und überhaupt, die Arbeit, die Abteilung, die Genossen – scheißegal. Hier neben mir sitzt Černogaev, Arbeiter in derselben Abteilung. Erzähl du uns doch mal, Černogaev, was die Genossen über Piskunov sagen! Erzähl! Wir hören.

Er klopfte Černogaev auf die Schulter und setzte sich.

Černogaev stand unsicher auf und beugte sich vor. Alle sahen ihn an.

– Nun, ich ... also ... – er fuhr sich nervös über die Stirn.

– Nur Mut, Serež, erzähl alles, wie es ist, – ermunterte ihn Klokov.

– Nun, also, Genossen, ich arbeite mit Piskunov in einer Abteilung, das heißt, ich sehe ihn jeden Tag. Wir arbeiten nicht in derselben Brigade, aber ich sehe ihn jeden Tag. Im Umkleideraum und auch in der Kantine. Ja. Naja, und das meiste wurde hier ja schon gesagt. Er trinkt. Besäuft sich regelmäßig. Kommt morgens betrunken, und abends ist er auch betrunken. Tja, also. Und ich sehe seine Maschine. Sie ist schmutzig, nicht in Ordnung gehalten. Wenn ich nach der Arbeit vorbeigehe, an seiner Maschine liegen Späne. Und der Besen liegt auf dem Boden herum. Und so ist es fast jeden Tag. Und überhaupt benimmt er sich schlecht, sagt Grobheiten. Er hat Baryšnikov verprügelt . . .

– Wie ist das passiert? – fragte die Simakova.

– Naja. Piskunov und Petjka Kruglov waren als erste in den Umkleideräumen, also. Es war noch keine sechs, und die soffen schon. Und als die anderen nacheinander kamen, und ich auch, da saßen sie schon betrunken da, fluchten herum, rauchten. Fedja und er sind schon früher aneinandergeraten. Fedja hat Piskunov angemacht, weil er den Plan für die ganze Brigade hat platzen lassen. Und hier, als Piskunov Fedja sah, machte er sich gleich an ihn ran, also. Hej, sagt er, du Bestarbeiter-Aktivist, komm her, ich fräs dir die Fresse.

– Was lügst du, Černogaev, das hab ich . . .

– Sei still, Piskunov! Rede weiter, Černogaev.

– Ja also . . . Und Fedja sagt zu ihm, benimm dich anständig, sagt er. Und Piskunov gebraucht Ausdrücke. Und Fedja, also, sagt zu ihm, da wird es eine Versammlung geben, ich, sagt er, werde da berichten über dich, und wir, sagt er, werden uns dann beim Gewerkschaftskomitee beschweren über dich. Na und da hat sich Piskunov auf ihn gestürzt. Die anderen haben sie getrennt. Und Fedjas Gesicht war ganz zerschlagen. Die Jungs sind mit ihm zur Sanitätsstation gegangen. Und Piskunov saß noch lange im Umkleideraum. Fluchte herum. Redete schlecht über den Betrieb . . .

– Hä, was soll ich denn Schlechtes gesagt haben?

– Unterbrich nicht, Piskunov! Du bist nicht gefragt.

– Aber was lügt er denn?

– Ich lüge nicht. Er hat gesagt, daß alles bei uns schlecht ist, daß wir schlecht bezahlt werden. Kaufen kann man nichts, hat er gesagt, und nirgends hingehen.

– Aha! Außer zum Schnapsladen geht er doch sowieso nirgendwo hin! Und außer seinem halben Liter kauft er nichts!

– Warum geh ich denn nirgends hin?

– Darum! Weil du ein Alkoholiker bist! Ein amoralischer Mensch! – die Zvjaginceva schüttelte den Kopf.

Černogaev fuhr fort:

– Und dann hat er noch gesagt, daß alles im Betrieb schlecht ist, daß es nichts zu kaufen gibt, daß das Essen schlecht ist. Darum, hat er gesagt, hat er auch keine Lust zum Arbeiten.

Alle starrten Piskunov schweigend an.

– Ja wie . . . ja woher nimmst du die Frechheit, so etwas zu sagen?! – die Putzfrau stand von ihrem Platz auf und ging zur Bühne. – Ja, schämst du dich denn gar nicht?! Wie kannst du, wie kannst du es wagen? He?! Du . . . du . . . – sie preßte die Hände an die Brust. – Ja wer hat dich denn aufgezogen?! Wer hat dich erzogen, unentgeltlich ausgebildet? Wir haben im Krieg Brot mit Sägespänen gegessen, die Nächte durchgearbeitet, damit du in diesem Hemd gehen kannst, gut zu essen hast und keine Sorgen kennst! Und du wagst es?! He?!

– Du spuckst in den Brunnen, Piskunov, aus dem du selbst trinkst, – warf Chochlov ein.

– Und aus dem die anderen trinken, – fügte die Simakova hinzu. – Du spuckst auf uns alle. Auf die Brigade, den Betrieb, die Heimat. Paß auf, Piskunov! – sie klopfte mit dem Finger auf den Tisch. – Du wirst dich verrechnen.

– Du wirst dich verrechnen!

– Du wirst dich verrechnen, Piskunov!

– Schaut nur, es geht ihm schlecht! Soll er arbeiten, dann wird es ihm gut gehen! Einem Faulpelz und Säufer geht es überall schlecht.

– Solchen Leuten geht es überall schlecht. Serviert ihm den Kommunismus – er wird auch nicht nach seinem Geschmack sein.

– Du bist ein verkommener Mensch, Piskunov.

– Bist du im Komsomol?
– Nein, – Vitja sah wehmütig auf das Porträt.
– Und hast nicht vor, einzutreten?
– Ach . . . schon zu spät. Ich bin siebenundzwanzig . . .
– Solche haben im Komsomol nichts verloren.
– Genau! Überhaupt haben solche keinen Platz in der Arbeiterklasse.
– Zum dritten Mal wird er vors Gewerkschaftskomitee zitiert, und es läßt ihn alles völlig kalt. Da haben wir uns eine Jugend herangezüchtet, alle Achtung. Alles unsere eigene Schwäche. Wir züchten das alles heran!
– So ist es, Oksana Pavlovna, – die Zvjaginceva wandte sich zur Simakova. – Womit befassen wir uns hier eigentlich?! Mit Schaumschlägereien? Er hört sich uns ein weiteres Mal an, hört sichs an, geht, spuckt in die Ecke, und morgen sitzt er wieder um elf vor der Flasche? Wir sind schließlich ein Gewerkschaftskomitee! Das Gewerkschaftskomitee eines Betriebes, Genossen! Die Gewerkschaften sind die Schmiede des Kommunismus! Das hat schließlich Lenin gesagt! Warum also sind wir so gnädig mit denen, mit denen da?
– Wirklich wahr! Wir sollten endlich aufhören, uns mit ihnen zu solidarisieren, – fiel Staruchin ein. – Schließlich und endlich handelt es sich hier um die Produktion, die sowjetische Produktion! Und wir tragen vor der Heimat die Verantwortung für die Effektivität unseres Betriebs! Wenn wir ihm den Progressivzuschlag nehmen, ist das noch zu wenig! Das dreizehnte Monatsgehalt nehmen – zu wenig! Entlassen dürfen wir ihn nicht, also müssen andere Maßnahmen gefunden werden! Nicht dieses humane Getue! Sonst verhumanisieren wir uns noch zu Tode!
– Richtig! Oksana Pavlovna, solche wie Piskunov muß man bekämpfen! Entschieden bekämpfen! Wozu sie hätscheln?!
– Bei dem stoßen unsere Strafpredigten auf taube Ohren.

– Aber was können wir denn tun, außer ihm die Prämie nehmen und den Progressivzuschlag? Feuern können wir ihn ja nicht . . .
– Wozu machen wir dann überhaupt Sitzungen?! Das ist ja eine Verhöhnung der Gewerkschaften!
– Wirklich eine Verhöhnung . . .
– Und wir geben ein schlechtes Beispiel. Heute trinkt er, und morgen, ehe wir's uns versehen, die ganze Brigade.
– Aber wirklich, was können wir denn tun?

Der Milizionär seufzte, stand auf und zog seine Uniformjacke zurecht:
– Genossen.

Alle drehten sich zu ihm. Er wartete einen Moment und fuhr dann fort:
– Ich bin natürlich, sozusagen, ein Außenstehender. Und habe zu all dem keinerlei Bezug. Doch als Sowjetbürger und Angehöriger der Miliz möchte ich, sozusagen, einfach meine Erfahrungen mitteilen. Ich, Genossen, arbeite mit solchen Kerlen wie ihm schon fast neunzehn Jahre. Seit meinem zwanzigsten Lebensjahr komme ich mit solchen zusammen. Diese Leute – Nichtstuer, Alkoholiker, Rowdys und, sozusagen, eingefleischte Kriminelle – hoffen nur auf eins: daß wir mit ihnen, sozusagen, milde verfahren. Und kaum sind wir zu ihnen milder und freundlicher – werden sie gleich noch schlimmer. Die spüren das sofort! Und ziehen ihre Konsequenzen und werden eine noch größere Gefahr für die Gesellschaft. Ich habe hier gesessen, zugehört, nun, und im großen und ganzen verstehe ich alles. Ich verstehe euch gut, Genossen. Und meiner Meinung nach braucht ihr vor neuen Maßnahmen keine Scheu zu haben. Ihr seid ja letztendlich nicht für euch allein verantwortlich, sondern für den ganzen Betrieb. Und macht euch Gedanken über ihn. Und kümmert euch um ihn. Euer Betrieb wurde nicht umsonst ausgezeichnet. Nicht umsonst! Das muß man bedenken.

Er setzte sich und verschränkte die Arme.

– Richtig! – sagte Urgan. – Obwohl der Genosse nicht in unserem Betrieb arbeitet, hat er vollkommen recht. Wenn wir solche wie Piskunov fördern, schaden wir unserem Betrieb! Schaden uns selbst! Das bedeutet also, wir haben es uns selbst zuzuschreiben?!

– Und ob, uns selbst! – fiel die Zvjaginceva ein. – Klar sind wir selbst schuld! Und unter unserer Kurzsichtigkeit leidet der ganze Betrieb!

Die Putzfrau erhob sich wieder von ihrem Platz.

– Wenn es nach mir ginge, da würde ich mit denen da, ich wüßte so direkt überhaupt nicht, was ich mit solchen machen sollte! Die machen einem ja das Leben schwer! Die klimpern doch von früh bis spät im Hof rum und rauchen und prügeln sich!

– Aber nochmal, was können wir denn tun? Wir sind doch ein gewöhnliches Gewerkschaftskomitee, unsere Vollmachten sind extrem beschränkt ...

Der Milizionär seufzte:

– Genossen, ihr habt mich nicht verstanden. Ich habe doch gesagt, ihr müßt keine Scheu vor neuen, effektiveren Maßnahmen haben. Ihr braucht doch nicht an euch selbst zu denken, nicht wahr?

– Ja, richtig, natürlich, – äußerte die Simakova, – aber es bleibt das Faktum, daß wir, Genosse Milizionär, tatsächlich keine Vollmachten haben ...

– Genoooossen! – der Milizionär klatschte sich auf die Schenkel. – Es ist direkt bitter, euch zuzuhören! Keine Vollmachten! Ja wer ist denn daran schuld? Ihr seid doch selbst schuld! Alles hängt von euch ab, von eurer Initiative! Wenn ihr konkrete Vorschläge hättet, dann hättet ihr auch Vollmachten. Glaubt ihr denn, die Gesetze fallen vom Himmel? Nein! Das Volk macht sie! Es hängt alles von euch ab, vom Volk. Ihr habt euch bloß selbst eine

Barriere aufgebaut und wartet, daß man euch Vollmachten gibt. Da wird nichts draus. Da könnt ihr lange warten. Und die da, – er zeigte mit dem Finger auf Piskunov, – die lassen wirklich nicht locker. Irgendwann helfen auch Vollmachten nicht mehr. Aber jetzt, wo es noch nicht zu spät ist, schlagt etwas vor! Probiert etwas aus! Wovor habt ihr Angst? Glaubt ihr denn, man könnte solchen Typen mit Überreden und Gesprächen beikommen? Vergebens. Die kann man nicht überreden. Mit denen muß man ganz anders umspringen. Wie – das ist eure Sache. Die Initiative muß von euch ausgehen. Wenn eine Initiative da ist, ein Vorschlag, dann kommen auch die Vollmachten. Ohne Initiative, ohne, sozusagen konstruktive Vorschläge – wird es auch keine Vollmachten geben.

Er setzte sich, zog sein Taschentuch hervor und wischte sich die schweißnasse Stirn.

Einen Moment lang schwiegen alle.

Dann seufzte Klokov und zog den Kopf ein:

– Übrigens habe ich, das heißt haben wir . . . also übrigens gibt es einen Vorschlag. Was Piskunov angeht. Allerdings – ich weiß nicht, wie er . . . naja . . . wie . . . Übrigens, daß man mich, das heißt uns, nicht falsch versteht . . .

– Haben Sie keine Angst, – ermunterte ihn der Milizionär und steckte das Taschentuch weg. – Wenn er konstruktiv ist, konkret sozusagen, wird man ihn schon richtig verstehen. Und annehmen.

Klokov sah die Zvjaginceva an. Sie antwortete mit einem verstehenden Blick.

– Nun, also, wir schlagen vor . . . – Klokov betrachtete seine Hände. – Wir wollen also . . .

Alle sahen ihn erwartungsvoll an.

Er leckte sich die Lippen, hob den Kopf und atmete aus:

– Nun, also, da wäre der Vorschlag, Piskunov zu erschießen.

Für einen Moment herrschte im Saal absolute Stille.

Der Milizionär kratzte sich müde die Schläfe und lächelte:

– Nuuun ... Genossen ... was redet ihr da für einen Quatsch. Wieso denn erschießen ...

Die Versammelten sahen einander unsicher an.

Der Milizionär lachte lauter, stand auf, nahm den Cellokasten und ging, vor sich hin lachend, zum Ausgang.

Unmittelbar an der Tür blieb er stehen, drehte sich um, schob die Mütze in den Nacken und sagte schnell:

– Ich rate dir, Piskunov, mehr klassische, gute Musik zu hören. Bach, Beethoven, Mozart, Šostakovič, auch Prokofjev. Weißt du, wie die Musik den Menschen veredelt? Vor allem macht sie ihn reiner und bewußter. Du kennst doch außer Trinken und Tanzengehen gar nichts, deshalb hast du auch keine Lust zu arbeiten. Aber geh nur einmal ins Konservatorium, hör die Orgel. Dann wirst du gleich vieles verstehen ...

Er schwieg eine Weile, dann seufzte er und fuhr fort:

– Und ihr, Genossen, solltet, anstatt auf diese Weise eure Zeit zu vertrödeln und sinnlos Sitzungen abzuhalten, lieber einen Klub für klassische Musik gründen in eurem Betrieb. Dann wäre die Jugend beschäftigt, und es gäbe weniger Schwänzereien und Sauftouren ... Ich könnte mich noch weiter darüber auslassen, aber ich komme zu spät zur Probe, entschuldigt mich ...

Er ging aus dem Saal.

Die Putzfrau seufzte, nahm ihren Eimer und ging hinterher. Doch sie war noch nicht an der angelehnten Tür, als diese aufsprang und der Milizionär mit wildem, unmenschlichem Gebrüll in den Saal stürzte. Den Cellokasten an die Brust gepreßt, überrannte er die Putzfrau und lief mit eingeknickten Beinen, den Kopf in den Nacken geworfen, zur Bühne. An der ersten Sesselreihe blieb er ganz plötzlich stehen, schleuderte den Cellokasten zu Boden und erstarrte auf der Stelle, brüllend und sich aufbäumend. Das Gebrüll ging in Röcheln über, das Gesicht lief dunkelrot an, die Arme baumelten neben dem zuckenden Körper.

– Durch ... durch ... durchstech ... durchstech ... – brüllte er mit schlackerndem Kopf und weit aufgerissenem Mund.

Die Zvjaginceva erhob sich langsam von ihrem Stuhl, ihre Hände zuckten, die Finger mit den grellackierten Nägeln krümmten sich. Sie krallte sie sich ins Gesicht, zog die Hände nach unten und riß sich das Fleisch bis aufs Blut auf.

– Durchstech ... durchstech ... – röchelte sie aus tiefer Brust.

Staruchin erhob sich jäh von seinem Stuhl, stützte sich mit den Händen ab und schlug mit aller Kraft das Gesicht auf den Tisch.

– Durchstech ... durch ... durchstech ... – stieß er hervor und wälzte sich auf dem Tisch.

Urgan wackelte mit dem Kopf und murmelte so schnell, daß er kaum dazu kam, die Worte ganz auszusprechen:

– Nun, um von der Technologie des Durchstech zu reden von der Aufeinanderfolge der Montagevorgänge von der wechselseitigen Austauschbarkeit der Werkstücke und weshalb der zwischenrepublikliche Durchstech wie auch Ausschuß größer und merklicher ist wie auch das Durchstech im örtlichen Maßstab bei uns nicht durch Fonds gewährleistet ist und sie es als Rohstoff per Verschiedenes und Schweißen und bar nicht ausgeben und die Eigenfinanzierung propagieren ...

Klokov zuckte, sprang hinter dem Tisch hervor und fiel auf die Bühne. Er drehte sich auf den Bauch, rutschte herum, kroch bis an den Rand der Bühne und plumpste ins Parterre des Saals. Dort drehte er sich um und begann leise zu singen. Chochlov weinte laut. Die Simakova führte ihn um den Tisch. Chochlov beugte sich vor und verbarg das Gesicht in den Händen. Die Simakova packte seine Schultern fest von hinten. Sie erbrach sich in seinen Nacken. Nach einigem Husten und Spucken schrie sie mit kräftiger, durchdringender Stimme:

– Durchstech! Durchstech! Durchstech!

Piskunov und Černogaev sprangen von der Bühne und trippelten, jeder die sonderbaren Bewegungen des anderen imitierend, zur Eingangstür. Bei der reglos daliegenden Putzfrau angekommen, faßten sie sie an den Beinen und schleiften sie durch den Mittelgang zur Bühne.

– Durchstech! Durchstech! – brüllte der Milizionär heiser. Er bäumte sich noch stärker auf, sein rotes Gesicht war zur Decke des Saals gerichtet, er bebte am ganzen Körper.

Piskunov und Černogaev schleiften die Putzfrau bis an die Stufen und zerrten sie auf die Bühne.

Die Zvjaginceva nahm die Hände aus ihrem blutüberströmten Gesicht, beugte sich weit vor und ging zu der am Boden liegenden Putzfrau.

Urgan ging ebenfalls zur Putzfrau und murmelte:

– Um von der Technologie des Durchstech zu reden Genossen Vorarbeiter so wurden nirgendwo hochvoltige Widerstände errichtet und Bitumen-Oxydiermittel hinzugefügt wenn der Prozeß des Schleifens für unsere verantwortlichen Angelegenheiten und Entscheidungen notwendig war und eine sonderbare Aufeinanderfolge der Elemente der Stopfbuchse und des mechanischen Antriebs . . .

Černogaev, Piskunov, die Zvjaginceva und Urgan hoben die Putzfrau vom Boden auf den Tisch.

Staruchin hob sein zerschlagenes, blau angelaufenes Gesicht.

– Durchstech, – artikulierte er akkurat mit den geschwollenen Lippen.

Die Simakova ließ Chochlov los und ging, ohne ihr durchdringendes Geschrei zu unterbrechen, zum Tisch.

Chochlov sank auf die Knie, berührte mit der Stirn den Boden und fing an, mit den Händen die zerlaufenen Kotzmassen zu seinem Gesicht hinzuschieben.

Černogaev, Piskunov, die Zvjaginceva, Urgan, Staruchin und die Simakova umringten die auf dem Tisch liegende Putzfrau und machten sich daran, ihr die Kleidung vom Körper zu ziehen. Die Putzfrau kam zu sich und murmelte leise:

– Also durchstech . . . also doch durchstech . . .

– Durchstech! Durchstech! – schrie die Simakova.

– Durchstech . . . – röchelte die Zvjaginceva.

– Doch das Durchstech nach technisch geprüften und ökonomisch begründeten Regeln des Schmierens der Walzen . . . – murmelte Urgan.

– Durchstech! – brüllte der Milizionär.

Schnell war die gesamte Kleidung vom Körper der Putzfrau heruntergezogen.

– Aba . . . aba . . . ba . . . – murmelte sie, auf dem Tisch liegend.

– Durch! Durch! Durch! – schrie die Simakova.

Sie drehten die Putzfrau mit dem Rücken nach oben und drückten sie auf den Tisch.

– Durch . . . aba-ba . . . – röchelte die Putzfrau.

– Durchstoß! Durchstoß! – brüllte der Milizionär.

Piskunov und Černogaev gingen in die Hocke, machten schnelle Drehbewegungen mit den Händen, sprangen von der Bühne, hoben den zu Füßen des Milizionärs liegenden Cellokasten hoch, brachten ihn zur Bühne und legten ihn an ihrem Rand ab.

– Durchstoß! Durchstoß! – brüllte der Milizionär.

Piskunov und Černogaev öffneten den Cellokasten. Sein Inneres war durch eine Holzwand geteilt. In der einen Hälfte lag ein Vorschlaghammer und einige kurze Metallrohre; die andere Hälfte war bis obenhin mit Würmern gefüllt, die sich in bräunlichem Schleim wanden. Unter der Würmermasse schauten die Reste halbverwesten Fleischs hervor.

Černogaev nahm den Vorschlaghammer, Piskunov sammelte die Rohre ein. Es waren fünf.

– Durchbohr! Durchbohr! – brüllte der Milizionär und zitterte heftiger.

– Stutzen Stutzen durchstechige allgemeinmenschliche Staatlicher Allsowjetischer Standard 652/58 per außer acht Gelassenem, – murmelte Urgan und preßte mit den anderen den Körper der Putzfrau auf den Tisch. – Länge vierhundertzwanzig Millimeter Durchmesser zweiundvierzig Millimeter Dicke drei Millimeter Schrägung 3 × 5.

Piskunov brachte die Rohre zum Tisch und ließ sie auf den Boden fallen.

– Durchbohr ... also doch durchb ... – brabbelte die Putzfrau.

Piskunov nahm eines der Rohre und stellte es mit dem angespitzten Ende auf den Rücken der Putzfrau.

– Abschlacht! Abschlacht! – brüllte der Milizionär.

– Abschlacht! Abschlacht! – fiel die Simakova ein.

– Abschlacht ... Abschlacht ... – wiederholte Staruchin.

– Abschlacht ... – röchelte die Zvjaginceva.

Piskunov hielt das Rohr mit beiden Händen. Černogaev schlug mit dem Vorschlaghammer auf den Querschnitt des Rohrs.

Das Rohr drang durch den Körper der Putzfrau und stieß auf den Tisch.

Piskunov nahm ein zweites Rohr und stellte es auf den Rücken der Putzfrau. Černogaev schlug mit dem Vorschlaghammer auf den Querschnitt des Rohrs. Das Rohr drang durch den Körper der Putzfrau und stieß auf den Tisch. Piskunov nahm ein drittes Rohr und stellte es auf den

Rücken der Putzfrau. Černogaev schlug mit dem Vorschlaghammer auf den Querschnitt des Rohrs. Das Rohr drang durch den Körper der Putzfrau und stieß auf den Tisch. Piskunov nahm ein viertes Rohr und stellte es auf den Rücken der Putzfrau. Černogaev schlug mit dem Vorschlaghammer auf den Querschnitt des Rohrs. Das Rohr drang durch den Körper der Putzfrau und stieß auf den Tisch. Piskunov nahm ein fünftes Rohr und stellte es auf den Rücken der Putzfrau. Černogaev schlug mit dem Vorschlaghammer auf den Querschnitt des Rohrs. Das Rohr drang durch den Körper der Putzfrau und stieß auf den Tisch.

– Rauszieh . . . rauszieh . . . – murmelte Chochlov in das zusammengeschobene Häufchen Kotze.

– Rauszieh! Rauszieh! – schrie die Simakova und griff mit beiden Händen nach einem im Rücken der Putzfrau stekkenden Rohr.

Staruchin half der Simakova, und zu zweit zogen sie das Rohr heraus.

– Rauszieh! Rauszieh! – brüllte der Milizionär.

Staruchin und die Simakova zogen das zweite Rohr heraus und warfen es auf den Boden.

Piskunov, Urgan und die Zvjaginceva zogen das dritte Rohr heraus und warfen es auf den Boden.

Piskunov und Černogaev zogen das vierte Rohr heraus und warfen es auf den Boden.

Urgan und die Zvjaginceva zogen das fünfte Rohr heraus und warfen es auf den Boden.

Unter dem Körper der Putzfrau quoll reichlich Blut hervor.

– Ausfließ! Ausfließ! – schrie die Simakova.

Das Blut floß rasch über das rote Tuch, tropfte herunter und bildete am Boden drei große Pfützen.

Chochlov kroch auf den Knien zum offenen Cellokasten.

– Reinspick! Reinstopf! – brüllte der Milizionär.
– Vollstopf Würmer! Vollstopf Würmer! – schrie die Simakova, und alle außer dem Milizionär und dem im Parterre liegenden Klokov bewegten sich zum Cellokasten.
– Vollstopf Würmer! – wiederholte Staruchin. – Vollstopf . . .
– Vollstopf gemäß den Arbeitslaufkarten auf staatlicher Grundlage produziert und um ein weniges nach der Wirtschaftsrechnung für das dritte Quartal abgeschlossen, – murmelte Urgan.

Jeder der Umstehenden schöpfte eine Handvoll Würmer aus dem Kasten und trug sie zum Tisch. Dann traten sie an den Leichnam der Putzfrau und stopften die Würmer in die Löcher in ihrem Rücken. Als sie damit fertig waren, hörte der Milizionär auf zu brüllen und sich aufzubäumen, zog sein Taschentuch hervor und wischte sich sorgfältig das schweißnasse Gesicht.

Klokov stand auf und klopfte seinen Anzug ab.

Piskunov und Černogaev hoben die am Boden verstreuten Rohre und den Vorschlaghammer auf, legten sie ins freie Abteil des Cellokastens, klappten ihn zu und verschlossen ihn.

– Na, was macht ihr da rum? – fragte Klokov unzufrieden. – Ihr stellt euch vielleicht an . . .

Černogaev und Piskunov hoben den Kasten hoch und trugen ihn in den Saal hinunter. Alle außer Chochlov folgten ihnen. Chochlov versteckte sich hinter den Kulissen.
– Na, wie, was kommt ihr denn nicht vom Fleck? – rief Klokov zu Černogaev und Piskunov herüber. – Schmeißt, schmeißt!
– Ich ersuche Sie, nicht zu schreien, – artikulierte Černogaev und sah Klokov in die Augen. – Geruhen Sie, sich angemessen zu benehmen.

Klokov winkte gereizt ab und drehte sich um.

Černogaev und Piskunov schwenkten den Cellokasten und schleuderten ihn in die Mitte des Saals, wo er mit Getöse zwischen den Sesseln verschwand.

In gebeugter Haltung trat Chochlov hinter den Kulissen hervor. Auf seinem Rücken lag ein großer Kubus aus halbtransparentem, gallertartigem Material. Bei jedem Schritt Chochlovs zitterte der Kubus. Chochlov überquerte die Bühne, stieg vorsichtig die Stufen herab in den Saal und ging auf den Ausgang zu.

– Stillgestanden! – rief der Milizionär.

Chochlov blieb stehen. Der Milizionär trat zu ihm und sagte ihm etwas im Flüsterton.

Die Zvjaginceva öffnete ihr braunes Täschchen und zog eine Pistole daraus hervor. Der Milizionär flüsterte Chochlov etwas ins Ohr. Der nickte mit dem Kopf, was den Kubus erzittern ließ. Die Zvjaginceva schob sich die Mündung der Pistole in den Mund und drückte ab. Der dumpfe Schuß zerriß die Nackenpartie ihres Kopfes und bespritzte Staruchin und Urgan mit Blut und Hirnmasse. Die Zvjaginceva fiel auf den Rücken.

Der Milizionär flüsterte Chochlov wieder etwas zu. Chochlov seufzte und sprach:

– Ich möchte den Herrschaften Opfern eine Mitteilung machen. Es ist so . . . es ist so, daß ich . . .

Er stockte. Der Kubus auf seinem Rücken zitterte.

– Marsch, marsch! – schrie ihn der Milizionär an.

Chochlov lief bis zur Tür, stieß sie mit dem Kopf auf und verschwand. Der Milizionär folgte ihm. Klokov rannte zur Tür und versteckte sich dahinter.

– Lauf, lauf, du Trottel! – stieß Černogaev verächtlich aus.

– Also, gehen wir? – die Simakova zog eine Zigarette hervor und zündete sie an.

– Gehen wir, – nickte Černogaev, und alle bewegten sich zum Ausgang.

DER TABAKSBEUTEL

Nichts auf der Welt liebe ich wohl so sehr wie den russischen Wald.

Wunderschön ist er zu allen Jahreszeiten, und bei jedem Wetter lockt er mich mit seiner unnachahmlichen Schönheit.

Obwohl ich in der Großstadt lebe und von Geburt an Städter bin, halte ich es ohne den Wald nicht eine Woche aus – ich schiebe alle Verpflichtungen beiseite, vergesse alle Sorgen, setze mich in den Vorortzug und nach etwa einer halben Stunde marschiere ich den Feldweg entlang, blicke nach vorn in Erwartung des Treffens mit meinem grünen Freund.

So konnte ich auch an diesem Freitag nicht an mich halten, stieg vor der Sonne aus den Federn, frühstückte im Stehen, steckte mir ein paar Äpfel in die Windjacke – und ab zum Bahnhof.

Ich kaufte eine Fahrkarte zu meiner Lieblingsstation, setzte mich in den Zug und fuhr los.

Ich fuhr, sah aus dem Fenster. Draußen war Anfang Mai, alles sproß und grünte, erfreute das Herz. Züge aus der Gegenrichtung glitten vorüber, die Menschen darin dicht gedrängt. Alle fuhren sie in die Stadt, nur ich im leeren Waggon hinaus – in den Wald. Wunderbar . . .

Ich war angekommen, trat auf den Bahnsteig hinaus und sah nach links. Dort am Horizont stand dunkel der Wald. Man sah, seine Spitzen hatte das Grün berührt – noch eine Woche, und alles würde grün sein. Was für eine Freude mich erwartete!

Jedoch, ich sah mich um – die Wolken über dem Wald

färbten sich rosa, gleich würde die liebe Sonne heraufsteigen; ich mußte mich sputen, wenn ich den Sonnenaufgang im Wald erleben wollte. Ich verließ den Bahnsteig, und vorbei an der kleinen Siedlung, der Schule, dem Feuerwachturm eilte ich zu meinem Lieblingsplätzchen.

Ich ging, sah mir die Wolken an – ich fürchtete, den Tagesanbruch zu verpassen.

Solch eine Schönheit und Stille ringsum – da hüpfte einem das Herz im Leib!

Das junge Gras sproß durch die Erde, in den Schluchten stand der Dunst, und es duftete, wie es allein im Frühling duften kann. Ein Duft, der dir das Blut in Wallung bringt, und du fühlst, du bist nicht vierzig, sondern immer noch zwanzig.

Ich ging entlang des Feldrains, überquerte auf einem dünnen Stamm ein Bächlein und war sogleich im Wald. Hier mußte ich mich schon nicht mehr beeilen – ich fand die vertraute Lichtung, setzte mich auf eine umgestürzte Birke und sah mich um und ergötzte mich.

Da standen sie im Kreis wie Kerzen, die weißstämmigen Birken, streckten die Zweige in die Höhe, und an den Zweigen saßen schon winzige grüne Blättchen, ein sanfter Hauch von Grün. Jetzt war auch die Sonne aufgestiegen, schräg krochen die Strahlen über die Stämme. Sogleich sangen auch die Vögel lebhafter, und aus dem jungen Gras stieg Dampf. Ein Morgenlüftchen strich über die Wipfel, die Birken wiegten sich, es roch nach jungem Grün.

Was für eine Pracht!

Ich saß und genoß, doch plötzlich hörte ich – da hustete jemand hinter mir.

Ach, dachte ich, den schickt mir der Teufel. Nicht einmal hier lassen sie einen in Frieden. Ich drehte mich um und sah einen Mann von, sagen wir es ohne Umschweife, soliden Jahren – unter seiner grauen Kappe schauten ganz weiße

Schläfen hervor – bedächtig auf mich zuschreiten. Er trug eine Weste, Stiefel, einen Rucksack auf den Schultern. Und schaute freundlich drein.

– Einen guten Morgen, – sagte er.

– Guten Tag, – antwortete ich ihm.

– Sie erlauben, – sagte er, – ein wenig hier zu sitzen, die Lichtung ist allzu schön. Ich werde Sie nicht stören.

– Bitte sehr, setzen Sie sich, – sagte ich. – Hier ist für alle Platz.

– Jaaa . . . – sagte er und seufzte, – das ist wohl wahr. Im Wald ist viel Platz . . .

Er stellte seinen Rucksack auf die Erde, setzte sich.

Wir saßen und schauten zu, wie die Sonne immer höher und höher durch die Äste stieg. Hin und wieder sah ich den Unbekannten an.

Er hatte die Mütze abgenommen und auf die Birke gelegt. Ich sah – sein Kopf war ganz grau, wie mehlbestäubt. Sein Gesicht voller Falten, nicht mehr jung, doch die Augen blickten lebendig und mit Feuer.

Wir saßen noch ein paar Minuten, dann sagte er:

– Wer den Tag begrüßt im Wald, der wird niemals alt.

Ich bestätigte ihm diese Weisheit.

– Erwarten Sie, – fragte ich, – den Tag gern im Wald?

– Sehr gern, – sagte er.

– Und oft?

– Nun, das ergibt sich jeden Tag.

Ich wunderte mich.

– Dann sind Sie, – sagte ich, – ein glücklicher Mensch. Sie wohnen sicherlich in der Siedlung?

– Nein, – antwortete er, – ich bin nicht von hier. Ich durchstreife bloß, – sagte er, – den Wald.

»Nanu«, – dachte ich, – »sonderbar. Er durchstreift den Wald. Vielleicht«, – dachte ich, – »ist er ein Räuber, oder ein Entlaufener?«

Doch er, als habe er meine Gedanken gelesen, lächelte, und die Fältchen um seine Augen strahlten geradezu auf.
– Denken Sie, – sagte er, – nichts Böses. Ich bin weder verrückt noch ein Verbrecher. Ich bin Kräutersammler. Ich sammle Heilkräuter und Wurzeln und verkaufe sie. Daraus macht dann die pharmazeutische Fabrik Arzneien. Und davon lebe ich. Früher habe ich in der Genossenschaft gearbeitet, doch vor kurzem habe ich beschlossen, es allein zu versuchen. Und so streife ich nun allein umher . . .
– Aber, – sagte ich, – jetzt gibt es noch fast keine Kräuter – die kommen doch erst heraus.
– Richtig, – sagte er. – Ich sammle Schneeglöckchen.
– Schneeglöckchen? – sagte ich, – die sind doch verblüht . . .
– Auch richtig, – er lächelte, – die Blüten sind abgeblüht. Aber die Früchte sind gerade recht zum Sammeln. Hier, schauen Sie . . .

Und er schnürte seinen abgetragenen Rucksack auf.

Ich rückte näher, schaute, der Rucksack war voll von unterschiedlichen Plastiktütchen, die einen mit Rinde, die anderen mit kleinen Wurzeln. Er nahm das größte Päckchen, band es auf und sagte:
– Hier sind die Schneeglöckchenfrüchte. Sie werden in der Medizin sehr viel verwandt.

Ich schaute, das ganze Päckchen voller kleiner roter Perlen, und nach Schneeglöckchen rochen sie überhaupt nicht.
– Ja, – sagte ich, – die Blüten habe ich immer bemerkt, aber die Früchte sehe ich zum ersten Mal.

Und der Unbekannte lächelte:
– Macht nichts, – sagte er, – das kommt vor. Sind Sie, – fragte er, – aus der Stadt?
– Ja, – sagte ich, – aus der Stadt.

Er lächelte und sagte nichts.

Die Sonne war aufgegangen und begann zu wärmen.

Der Unbekannte warf seine wattierte Jacke ab und legte sie neben sich auf die Birke. Unter der Jacke trug er, wie sich herausstellte, ein Militärhemd ohne Schulterklappen und auf der Brust ein ganzes Quadrat von Ordensbändern. Nicht weniger als zwanzig Stück. Man sah gleich – der Krieg war an dem Mann nicht vorübergegangen.

Er blinzelte in die Sonne und zog einen Tabaksbeutel aus der Tasche. Dieser Tabaksbeutel war, freiweg gesagt, eigenartig. Kein gewöhnlicher. Ich selbst hatte mich dem Tabakgenuß niemals hingegeben und war in den Feinheiten des Rauchens nicht bewandert. Doch Tabaksbeutel hatte ich gesehen – schon vor langer Zeit, als Kind. Damals rauchten die alten Männer oft Pfeife oder Selbstgedrehte. Und an ihren Tabaksbeuteln war nichts, nun ja, Besonderes – gewöhnliche Stoff- oder Ledersäckchen mit Tabak. Doch dieser hier war ein besonderer, ganz abgegriffen, gemustert und mit einem Seidenschnürchen. Und aus einem weichen Leder genäht, wie aus Glacé. Ganz offensichtlich keine heimische Näharbeit.

Der Unbekannte legte ihn vorsichtig auf die Knie, knüpfte ihn auf, nahm ein Papierchen heraus und begann zu drehen.

Da konnte ich nicht mehr an mich halten, und ich frage:

– Verzeihen Sie, was ist das für ein Tabaksbeutel, den Sie da haben?

Er drehte sich zu mir, lächelte und fragte zurück:

– Wie »was für ein Tabaksbeutel«?

– Na, – sagte ich, – ein besonderer. Ein fremdländischer geradezu.

– Fremdländisch? – fragte er zurück und schüttelte den Kopf. Obwohl er weiter lächelte, flammte in seinen Augen doch etwas wie Tadel auf.

– Aber aber! – sagte er, – fremdländisch . . . Was ist daran fremdländisch? Ihn haben die allerrussischsten Hände genäht.

Und verstummte.

Auch ich schwieg. Es war mir peinlich, den Mann das Falsche gefragt zu haben.

Inzwischen hatte er die Zigarette gedreht, tat in Ruhe den ersten Zug, doch den Tabaksbeutel steckte er nicht weg. Er hielt ihn auf der flachen Hand und betrachtete ihn. Und auf seinem Gesicht erschien etwas Hartes, als sei es mit einem Male gealtert.

Er saß da, rauchte, und dann sagte er:

– Aber daß er ungewöhnlich ist, das haben Sie richtig gesagt. Dieser Tabaksbeutel ist tatsächlich kein gewöhnlicher. Ich kann sogar sagen, mein ganzes Leben ist mit ihm verbunden.

– Ach ja? – sagte ich, – wie meinen Sie das?

– Nun, – antwortetete er und blinzelt rauchend in die Sonne. – Die Geschichte begann vor langer Zeit. Vor vierzig Jahren. Wenn Sie wirklich solches Interesse an dem Tabaksbeutel haben – dann erzähle ich Ihnen die Geschichte.

– Natürlich, – sagte ich, – erzählen Sie. Ich möchte sie wirklich gerne hören.

Er rauchte zu Ende, drückte die Kippe aus und begann zu erzählen.

– Geboren wurde ich, – sagte er, – im Dorf Posochino, das ist bei Jaroslavl. Dort verbrachte ich meine weißblonde, barfüßige Kindheit. Und dort wuchs ich auch heran. Doch dann – der Krieg. Er ließ mich, der verdammte, nicht einmal mehr meine kleine Freundin küssen – am dreiundzwanzigsten Juni ging ich achtzehnjährig als Freiwilliger.

Sie schickten uns, alles junge Kerle, in die Nähe von Kiev. Von unserem ganzen Regiment waren nach drei Tagen Gefecht gerade noch zweiundvierzig Mann übrig. Alle angeschlagen und abgerissen. Wir hatten uns aus der Umzingelung befreit. Und dann zogen wir uns zurück. Aber Rückzug, mein Freund, ist schlimmer als der Tod. Das wünsche ich keinem. Wir gehen durch die Dörfer, und die Frauen und alten Männer kamen heraus, stellten sich neben ihre Hütten und standen schweigend – schauten. Und wir gingen mit gesenkten Köpfen. Wir zogen vorbei, und mir drehte sich das Herz um in der Brust. Aber in die Augen konnte ich ihnen nicht sehen ... So liefen wir bis nach Smolensk, und dort machten wir in einem Dörfchen auf fünf Minuten Halt – den Riemen nachziehen, die Fußlappen wechseln. Und, mein Freund, ich klopfte bei einer Hütte ans Fensterchen, damit mir jemand Wasser zum Trinken herausbringt. Da tritt ein junges Mädchen vor die Tür – in meinem Alter. Schön, blauäugig, mit einem hellbraunen Zopf bis zum Gürtel. Es verschlug mir die Sprache – ich hatte ja gedacht, hier träfe ich außer Greisinnen und Greisen keine Menschenseele. Aber sie verstand meine Bitte ohne Worte, brachte mir Wasser in einem kupfernen Krug. Ich trank das Wasser in einem Zug aus, und, ich muß bekennen, es schien mir damals süßer als aller Wein und Nektar. Ich wischte mir die Lippen mit dem Ärmel, gab den Krug zurück und sagte:

– Dank dir.

Sie sieht mich auch mit großen Augen an, ich war nämlich, das will ich gar nicht verhehlen, ein ansehnlicher Bursche.

– Wohl bekomm's! – sagte sie. – Rauchen Sie?

– Ja, – sagte ich, – ab und zu.

Da ging sie und kam gleich darauf zurück, in der Hand einen Tabaksbeutel. Eben diesen Beutel hier. Damals war er ganz neu. Und sie sprach zu mir die folgenden Worte:

– Diesen Tabaksbeutel, Genosse Soldat, habe ich vor kurzem selbst genäht. Ich wollte ihn meinem Bruder schicken, doch nun kam die Todesnachricht vor einer Woche. Er ist bei Gomel gefallen. Nehmen Sie diesen Beutel für sich. Es ist auch guter Tabak darin. Ich habe ihn noch vor dem Krieg in der Stadt gekauft.

Und sie streckte mir den Tabaksbeutel hin.

Nun, da die Sache so war ... nahm ich ihn.

– Danke, – sagte ich. – Wie soll ich dich nennen?

– Nataša.

– Und ich, – sagte ich, – heiße Nikolaj.

Da faßte sie meine Hand und sagte:

– Hör zu, Nikolaj. Ich habe eine Bitte an dich. Versprich mir, von jetzt an nicht mehr zu rauchen und erst wieder anzufangen, wenn die Unseren Berlin nehmen. Doch sobald sie es eingenommen haben, der Feind überwältigt ist, sollst du rauchen.

Ich wunderte mich über diese Bitte und über dieses Vertrauen in unseren Sieg. Doch ich versprach es sofort. Und ich sage Ihnen die Wahrheit freiweg – dieses Vertrauen gab auch mir Kraft, ließ mich stärker werden. Als hätte sich in meinem Herzen etwas gewendet. Den ganzen Krieg trug ich Natašas Tabaksbeutel am Herzen, und ihre Augen vergaß ich nicht für eine Stunde. In den schweren Kämpfen dachte ich an sie und sah sie vor mir ... Kurz gesagt, die vollen vier Jahre ging ich die flammenden Pfade des Kriegs. Ich habe Moskau verteidigt, Leningrad befreit, bin dann nach Westen gezogen. Habe Kiev genommen, Warschau genommen. Und dann Berlin. Und sollte auch den Reichstag einnehmen. Damals war ich Kapitän, kommandierte ein Bataillon. Dreimal verwundet, dreimal Quetschungen. Medaillen über die ganze Brust. Vier Orden. Und dann, mein Freund, nahmen wir den Reichstag ein, erlegten die Bestie im eigenen Bau. Und obwohl der Kampf schwer war, blutig – als alle »Hurra!« schrien, dachte ich an Natašas Worte. Zog den Tabaksbeutel hervor, öffnete ihn, streute Tabak in ein abgerissenes Stück Militärzeitung, drehte mir eine Zigarette und rauchte. Rauchte ... Und was soll ich Ihnen sagen – etwas Süßeres als diese Selbstgedrehte gab es nicht. Ich rauchte und mußte mir mit der Faust die Tränen wischen. Wie heißt es doch, die Arbeit ist getan, die blutige Bestie erlegt – jetzt durfte ich rauchen . . .

Doch dann kam das Unglück zu mir. Tag des Sieges, Zeit heimzufahren, doch da fand sich im Regiment eine schwarze Seele, ich wurde bei den Vorgesetzten verleumdet, und der Soldat kam unter Arrest. Die böse Verleumdung brachte mich nach Sibirien, zum Holzfällen. Ich habe Holz gefällt bis zum zwanzigsten Parteitag unserer Partei. Und diese ganze Zeit war Natašas Tabaksbeutel bei mir. Lag an meinem Herzen. Er wärmte mich in den grimmigen sibirischen Frösten, ließ mich nicht verzweifeln. Und Natašas Gesicht stand mir noch immer vor Augen. Mir ist es schlimm ergangen, das gebe ich zu. Doch – ich habe überlebt, und das Wichtigste – ich bin darüber nicht verbittert. Sechsundfünfzig bekam ich den Parteiausweis zurück und erhielt Arbeit in der Bezirksabteilung für Volksbildung. Und gleich an meinen ersten freien Tagen – fuhr ich ins Gebiet Smolensk. Und akkurat in dasselbe Dorf. Ich fand es schnell. Nur Natašas Haus konnte ich nicht finden. Es war nicht mehr da. Die Deutschen hatten im Krieg das ganze Dorf niedergebrannt, später, sechsundvierzig, war es wieder aufgebaut worden. Nataša war, wie man mir im dortigen Dorfsowjet sagte, noch im einundvierziger Jahr zu den Partisanen gegangen. Seitdem hatten sie nichts von ihr gehört. Die Abteilung war klein gewesen und gleich nach Weißrußland gezogen. Also, mein Freund, nichts zu machen. Und vor allem, Nataša hatte ja bei der Großmutter gelebt, die Eltern hatte sie schon vor dem Krieg verloren. Und ihre Oma war längst tot. Also nirgends mehr irgendeine Verwandtschaft. Aber wenigstens ihren Nachnamen habe ich erfahren. Sie hieß Poljakova. Tja, und so begann die Suche nach Nataša Poljakova. Och, was haben meine

Stiefel damals geknarrt. Vier Jahre habe ich meine Nataša gesucht. Und gefunden! Ich habe sie gefunden! Man schrieb mir, daß sie in Odessa wohnt. Poljakova Natalja Timofeevna, Geburtsjahr 1923. Ich nahm unbezahlten Urlaub und fuhr nach Odessa. Ich fand die Straße, fand das Haus. Ging in den Hof. Bekam gesagt, Wohnung Nummer sechs. Ich klopfte. Und es öffnete mir meine Nataša. In den sechzehn Jahren hatte sie sich überhaupt nicht verändert. Naja, ein kleines bißchen. Den Zopf hatte sie nicht abgeschnitten, und die Augen waren noch dieselben. Wie zwei Kornblumen.

– Guten Tag, – sagte ich, – Nataša. Jetzt habe ich dich endlich gefunden.

Sie schaute ganz erstaunt und fragte:

– Und wer sind Sie?

Ich zeigte ihr den Tabaksbeutel.

Sie sah hin, führte die Hände ans Gesicht, hob so die linke, und dann zupfte sie an ihrem Rock und faßte ihn so, faßte und ließ wieder los, und mit dem Bein schlenkerte sie und zog mich immer am Ärmel. Und ich stand da mit dem Tabaksbeutel und weinte. Und sie ging in die Hocke und machte so mit den Beinen, machte so herum und fing an, ihn mit der Hand zu schaukeln, um die Schnur gerade zu machen, die war sonst ein bißchen krumm, wenn sie nicht gespannt war, wenn sie frei hing, aber das andere Ende war gespannt, weil im Beutel »Dukat«-Tabak war. Und so irgendwie gingen wir, gingen in die Wohnung, oder genauer gesagt ins Zimmer, aber es war nicht klein. Nataša fing so an mit dem Kopf zu wackeln, wackelte und wackelte und machte wieder mit der Hand, sie mir zu reichen, daß ich weiterging, bittesehr. Und ich ließ den Beutel sinken und beschloß neben der Wäschetruhe. Und dann alles Nötige, wie wir folgerichtig über das Wichtigste sprachen, über die Photographien. Ich konnte nicht weinen, aber ich fing an zu sprechen. Und sagte, mein Freund, daß ich arbeite und verschiedene Bestellungen bezüglich des Reinen mache. Und Bemerkungen. Und sie lächelte, weil sie auch wußte was für ein Auswurf, was für ein Gleiten, und bat zum Abendessen:

– Setzen Sie sich, setzen Sie sich. Das ist doch unser Teures.

Und ich sagte, aber warum sind wir denn so eingerichtet und haben nicht soviel gedacht, daß ich dort Drucker war oder daß ich auch wußte, wie man richtig andrückt. Oder vielleicht wußte ich auch weniger?

Oder waren es Kopfschuppen?

Sie verstanden ja, daß der Boden dort, sogar das andere mehr und nicht wußte, warum ich es glaubte.

Aber ich – hatte ich nicht die Hälfte genommen?

Ich hatte ja das Bezirkskomitee am Morgen in Unruhe versetzt, ich kannte alle Telefogramme. Sie prüften. Das ging direkt über Sofronja, selbst wenn wir da über die Zehn, die Zwei, die Sechs versuchten.

Und sie schauten.

Aber zu glauben, daß die Auflösung genau ist und zu verstehen, als wir die Bögen in der Hand hatten – ist keine Sache des Buches. Nicht wie es im Buch steht. Und keine enge Bruderschaft, keine genaue. Wir verstanden, warum man damals an jeder üblen Ecke sagte: »Geruchomondrie«. Das war dort der erste Schritt zur Kontrolle. Die genaue Angabe und gleich – Signal, signalisiert, alles komplett, und später erst – richtige Post, richtiges Gold. Das Leben war richtig. Und wir lebten richtig, weil ich sah, wie es auftauchte, wie sie am reinen Herzstück ausrichteten, von diesem überflüssigen Gewicht befreiten.

Ich verstand, daß sie mir sagte, wenn du dich hier so bückst, dich bückst und nackend zeigst, wo das Milch-Vido ist, wo das faulige Brido.

Ich wußte, daß eben vorne das Milch-Vido ist und hinten zwischen den weißen – das faulige Brido, und ein bißchen weiter unten, wenn man so glaubt und entlangfährt – wird auch das feuchte Brido sein, das heißt das ein bißchen feuchte Brido, das verstand ich sehr.

Ich bin sicher, daß sie die einfachen menschlichen Voraussetzungen sehr gut verstehen und, was das Wichtigste ist, umarmen werden. Aber sich umarmen – wir haben nicht verstanden, warum ich dachte, daß man sich nur vom Milch-Vido her umarmen kann. Sich umarmen, das habe ich nämlich bezaubernd begriffen, daß sich zu umarmen gegen den Strom, gegen das Erläutern unvermeidlich richtig ist. Und wir umarmten uns äußerst richtig.

Eine einfache Darstellung alles Nötigen halten wir fest. Ich bin sicher, daß ich das Allerhärteste, Allerunbotmäßigste machen werde.

Das Milch-Vido bezwingen wir mit Seide.

Das faulige Brido ist unbedingt als brauner Quark zu verstehen.

Das feuchte Brido ist das Gedächtnis der ganzen Menschheit.

Und der Tabaksbeutel?

Mit dem Beutel war es schwierig, mein Freund.

Ich erinnere mich, du stehst nachts auf – halb sechs Dunkelheit vor dem Fenster der obere Fensterflügel festgefroren du frühstückst bloß Tee und auf den Bahnhof und dort Kohlensäcke entladen um zwölf Uhr Mittagessen du gehst in die Küche und da ein Dampf wie im Schwitzbad die Köche stehen an den Bottichen und in den Bottichen dort gluckert es brodelt sie kochen Köpfe von Gefangenen abgehackte in Mehl in Mehl in dem Kleister und ein herrlicher Duft zieht und du vergehst ganz in Spucke der Koch da war ein Bekannter Erast du zwinkerst ihm zu er dreht sich weg dieser Erast und du mit den Ärmeln der wattierten Jacke einen Kopf aus dem Bottich gegriffen und auf den Boden in den Hof in den Schnee geworfen den Schaber aus dem Filzstiefel gezogen und tack tack auf den Scheitel durchbohrst den Schädel und das Hirn und du ißt und ißt ißt och wie du dich satt ißt daß du sogar ins Schwitzen kommst so haben wir gelebt und jetzt gibt es das überhaupt nicht in den Geschäften und ich bin gegangen und habe gegrüßt gebeten was denn können sie einen Frontsoldaten nicht berücksichtigen sie können nicht warum es das in den Geschäften nicht gibt das geht nicht ich mein Freund habe ja alles wunderbar verstanden alles exakt daß ich verstehe wann man richtig machen wann man abmessen muß sich umarmen soll man nur vom Milch-Vido her darin liegt ein einfaches Gleichgewicht.

So daß wir entsprechend dem Obengenannten das Richtige niederlegen:

Das Milch-Vido werden wir als Netto auffassen.

Das faulige Brido ist gereinigter brauner oder Wurzelquark.

Das feuchte Brido ist ein simpler Reaktor.

Und der Tabaksbeutel?

Mit dem Beutel war es ganz schön schwierig, mein Freund.

Ich weiß noch er weckte mich damals öffnete die Tür lud mich ein und da war Ksenija ganz angekohlt und lag mein Gott ich habe mich so zu ihr gehockt schwarz wie ein verkohltes Stück Holz und neben ihr eben dieser Wurm auf dem weißen Laken der dicke Gott möge bewahren wie ein Ferkel und ganz weiß weiß so geringelt so glänzen sie auch vor Fett nämlich aber selber rührt er sich kaum hat sich vollgefressen na was schon na ich stand da und Egor Ivanyč in Tränen hier kamen die alten Leichenfrauen das Laken an den vier Ecken und den Wurm mit einem Gebet und sie trugen ihn hinaus aber er wie er anfängt zu knötern so ein

Geschmeiß alle schüttelte es richtig vor Abscheu nun sie trugen es hinaus und er in den Hof und da waren schon Miša und Petr in Netze gehüllt mit Ausräucherungswerkzeugen hielten den Bienenkorb bereit öffneten den Deckel zogen den Lindenbast ab und weg und die alten Frauen schmissen den Wurm in den Bienenkorb und die Bienen begannen ihn zu schikanieren und Petr klappte den Deckel zu so daß er bis zum Abend verflucht unter dem Deckel hervorknöterte.

So daß wir entsprechend dem Obengenannten das Richtige niederlegen:

Das Milch-Vido werden wir als feuchtes Manna werten.

Das faulige Brido als frischen braunen Quark.

Das feuchte Brido als Grube des zweiten Ausgangs.

Und der Tabaksbeutel?

Mit dem Beutel war es ganz schön schwierig, mein Freund.

Ich erinnere mich morgens gaben sie das Kommando alle wurden eingeteilt Solovjev verlas die Order jedem einen Spaten in die Hand und vorwärts wir graben wir graben und dort immerzu Mauer ja Mauer vier Stunden ungefähr haben wir gegraben bis der Rand zum Vorschein kam und Solovjev winkte mit der Hand Rauchpause wir setzten uns rauchten aßen jeder was er hatte dann wieder graben wir graben wir graben schließlich schaute der andere Rand heraus wir führten sechsundzwanzig Winden heran schwenkten sie er hob sich wir schwenkten noch mehr er hob sich noch mehr die Pioniere drückten Stämme hinein sie drückten auf die Vorrichtung wollten aufmachen aber da waren Schlösser man mußte die Schlösser aufsägen erst dann kriegten sie es auf und daraus krochen hervor das ist schrecklich zu sagen Stepa ganze Tonnen von Läusen ich habe so etwas nie gesehen einfach ganze Wellen und alle gehen die gegrabene Rille entlang und da schreit Solovjev die Pumpen die Pumpen verdammte Scheiße Žluktov und der Fähnrich ließen sie an und komm wir pumpen aber sie knirschen wie ich weiß nicht was wie Sand vielleicht oder nein nicht wie Sand sondern wie Staub vielleicht riecht es so ich weiß gar nicht wie ich das sagen soll na es riecht nach Läusen allgemein gesagt und das war einfach so unerwartet ich weiß auch nicht und Serežka wußte auch nicht.

So daß wir entsprechend dem Obengenannten das Richtige niederlegen:

Das Milch-Vido werden wir als das notwendige Deckweiß betrachten.

Das faulige Brido ist brauner Quark.

Das feuchte Brido der Rahm unter der Vorhaut.

Und der Tabaksbeutel?

Mit dem Beutel war es etwas schwierig, mein Freund.

Ich erinnere mich er rüttelte Anja und mich wach morgens früh zeigte Kisten von Kleidern und sagte das muß schnellstens sortiert werden und wir sind gleich bereit wir kriechen schon aus den Kojen und an die Arbeit und da sitzen wir und sortieren und ich frage Anja nach diesem Vorfall naja wie alles war und sie fängt zu erzählen an sie sagt daß Maša damals schwanger war und daß sich damals noch alle gewundert haben daß der Bauch so klein war obwohl schon der siebte Monat der achte der neunte war und als sie gebar da war es ein ganz erstaunlich kleiner Junge das heißt nicht einfach klein ein Embryo er hatte Platz auf der flachen Hand und anfangs gaben sie sie ins Krankenhaus zur Pflege aber er war ja normal ausgetragen und lebendig doch später wurden sie entlassen und waren zu Hause und er begann zu wachsen doch nicht so wie es sein sollte das heißt nicht ganz sondern bei ihm begann sich der Brustkorb in die Länge zu ziehen das heißt der obere und der untere Teil wuchsen nicht aber das Mittelstück zog sich in die Länge und er dehnte sich hier so sagte sie er lag da wie eine Wurst und später dehnte er sich noch weiter und begann zu kriechen wie eine Raupe und weinte überhaupt nicht gar nichts und sie gab ihm mit der Pipette Milch und Kindernahrung und später nahm sie ihn und fuhr zu den Ihren weil alle anfingen darüber zu reden und so war sie zwei Jahre nicht da und sie hatte sich mit ihrer Schwiegermutter gestritten sie schrieb nicht und später beschloß die Schwiegermutter selbst zu ihnen zu fahren und sie fuhr und zurück kam sie ganz ergraut und sagte nichts nur Geld schickte sie Maša und weinte nachts und da fuhren Anja und Andrej aber man ließ sie nicht ins Haus und Maša sprach grob mit Anja durch die Tür und Anja sah daß bei ihnen alle Fenster dicht mit Vorhängen verhängt waren und weiter weiß sie nichts.

So daß wir entsprechend dem Obengenannten das Richtige niederlegen:

Das Milch-Vido ist eine Schwitz-Brust.

Das faulige Brido ist einfach eine gefüllte Pastete.

Das feuchte Brido ist ein Eimer voll lebender Läuse.

VORFALL AUF DER STRASSE

Die unerträglich, widerlich rosa Taxitür mit den gelben Würfelchen, ein Klappen der Tür, das einem das Gesicht zu einer angewiderten Grimasse verzog, ein langes Graben in den unanständig tiefen, kühlen Taschen des langschößigen englischen Mantels: Aleksis zahlte niemals im Sitzen.

– Danke, mein Lieber.

– Besten Dank.

Der bläuliche Fünfrubelschein verschwand mit dem Knirschen eines von Kinderhand zerdrückten Laufkäfers in den anämischen Fingern des Fahrers.

Aleksis drehte sich um, machte ein paar Schritte, betrachtete die vor ihm liegende Vorstadtlandschaft und fiel sofort dem Spätoktoberwind in die kalten, schamlosen Pranken.

Hinter ihm brummte der Motor auf, die Reifen quietschten.

»Es gibt doch wirklich nichts Widerlicheres als unsere russische Übergangszeit«, – dachte Aleksis stirnrunzelnd und wickelte sich in seinen grauen Velourssschal.

Rundum war es trübe, kalt und menschenleer: Links hinter ihm lagen die grauen Bänder des Autobahnrings mit den dreckbespritzten Reklametafeln, rechts erkaltete zwischen zwei vierzigstöckigen Wolkenkratzern die Aprikosenmarmelade des Sonnenuntergangs, vorn über dem halbrunden Dach des Bahnhofsgebäudes leuchtete in weißer Neon-Antiqua der Name BIRJULEVO 2, und etwas darunter im Gewirr von Balken, Konsolen und Schwellern ein gelbes, dürftiges – BAHNHOF. Aleksis machte sich auf den Weg.

Er war hier zum ersten Mal, und das, obwohl er fast zehn Jahre in dem geräumigen zweistöckigen Haus seiner Tante auf dem Makovyj Prospekt gewohnt hatte, der ganz in der Nähe war.

Nichts auf der Welt widerte ihn stärker an als die Moskauer Randgebiete – dieses idiotische russische Amerika, in dem der Wolkenkratzer wie ein hinduistisches Linga aus der Familie der akkuraten, in Flieder und Maulbeerbaum ertrinkenden Einfamilienhäuschen ragt.

»Die berühmten fünfziger Jahre«, – er lachte mit leichtem Ekel, als er an die karierten Hosen und die Korkkappe seines Vaters dachte und daran, wie dieser mit einem roten, widerlich lärmenden Scheusal, das aussah wie eine tropische Gottesanbeterin, munter den Rasen zu schneiden pflegte.

»Sie waren damals alle verrückt auf die Staaten. Was ist daraus geworden, he?« – Aleksis stieg die Betonstufen zum Bahnsteig hoch.

»Eine Korkkappe auf dem Samowar ist daraus geworden . . .«

Der Bahnsteig war leer und schmutzig. Auf den weißen Bänken lagen dunkle Ahornblätter, das Stationsgebäude leuchtete wie ein trübes Aquarium. Er trat ein.

An der Kasse stand niemand, nur aus der Bartür kamen Stimmen.

– Nach Belye Stolby, mein Guter, – sagte Aleksis durch die Luke und betrachtete den alten schnurrbärtigen Kassierer mit seiner schwarzen Eisenbahneruniform und dem Pincenez auf der fleischigen Nasenwurzel.

»Eine richtige Čechov-Figur.«

Der Alte nickte ernst und klapperte mit der Tastatur. Der rosa Fahrschein flatterte in den schwarzen Teller:

– Einen Rubel zwanzig Kopeken. Bitte sehr!

Aleksis nahm den Fahrschein und zahlte.

– Wünschen Sie vielleicht Obligationen der sechsten Südbahnanleihe zu erwerben? – fragte der Kassierer, wobei er sich zur Luke vorbeugte und aus seinen weißlichen Altmänneraugen nach oben starrte.
– Wünsche ich nicht, mein Guter. Sagen Sie mir lieber, wann der Zug geht.
– Achtzehn null zwo, – sagte der Alte, ohne seine Pose zu ändern, wie ein Automat, – in sechsunddreißig Minuten.
– Ich danke, – nickte Aleksis und ging in die Bar.

»Verdammt, eine halbe Stunde herumstehen.«

Die Bar war dieser Gegend würdig. Sie nannte sich »Bienenkorb«, wie die Disneyland-artige Aufschrift über dem Tresen fett und knallrosa bezeugte. Das Interieur bestand aus allerlei geschnitztem, bemaltem und dekorativ angesengtem Holz: Robuste Hähne plusterten ihre kattunroten Brüste, doppelköpfige Adler rissen mit heraushängenden Zungen die Schnäbel auf, runde Holzpuppen lächelten.

Die Decke war vollständig mit wachsfarbenen Plastikwaben verkleidet.
– Sie wünschen? – erkundigte sich der schneeweiße, dickgesichtige Barmann unter dem Gefieder seines schwarzen Schnurrbarts hervor; er hatte Schweinsäuglein und ein Doppelkinn, unter dem die Flügel einer weißen Samtfliege bebten.
– Einen doppelten Smirnov, – sagte Aleksis mechanisch.

Er wurde seinem Geschmack selten untreu, aber für den Zug brauchte er einen Vodka-Halbschlaf und keinen Kognak-Optimismus.
– Kaffee? – der Barmann stellte das Glas vor ihn hin, und Aleksis schüttelte verneinend den Kopf, knallte eine Rubelmünze mit dem verhaßten langnasigen Profil des Präsidenten auf den Tresen und kippte den Vodka in einem Zug.

Fast augenblicklich wurde ihm wärmer und weicher ums Herz. Seine Augen füllten sich mit Tränen. Er holte sein Taschentuch heraus und erinnerte sich im selben Moment n den »Literarischen Boten«, der in der Innentasche des Mantels schlummerte.

Gleich darauf saß Aleksis mit offenem Mantel an einem sechseckigen Tischchen und raschelte mit den dünnen, beinahe zigarettenpapierartigen Blättern.

Der »Bote« begann mit einem unverbindlich-weitläufigen redaktionellen Artikel über das gerade zu Ende gegangene Petersburger Lyrik-Festival, ein rachitisches Ziehkind der Fernsehgesellschaft »Niva«, die eine geschlagene Woche lang ein Panoptikum von unverschämten Greisen, exaltierten Greisinnen und einer hoffnungslos dümmlichen, kreischend aufgeputzten Jugend übertragen hatte. Die einen wie die anderen waren nicht zu ertragen gewesen.

». . . ein wahres Fest des Wortes . . . ein bedeutendes Ereignis in der modernen russischsprachigen Kultur . . . sechs Tage der segensreichen Herrschaft unserer unsterblichen russischen Muse . . .«

Schmunzelnd blätterte Aleksis um und zuckte zusammen: Rechts neben der großen Überschrift lächelte ihm mit seinem zuhälterhaften Fuchslächeln Nikolaj entgegen. Der lange, über zwei Spalten kriechende Artikel hatte den Titel »Hellenen im Russenhemd«.

In Nikolajs Stil, funkensprühend, beißend wie splitterndes Kristall, klangen bekannte Namen an, sträubten sich Ausrufezeichen, drängten sich feinkompilierte Zitate. Aleksis konnte sich kaum zurückhalten, sofort mit der Lektüre zu beginnen, er hob das Glas:

– Noch einen doppelten Smirnov!

Der Barmann drehte sich folgsam um, stieg auf den Tresen, richtete sich auf und faßte an die Plastikwaben an der Decke; aus einer der Waben zog er eine Gartenschere und schnitt sich den linken Daumen ab. Blut floß in Strömen. Eine alte Frau knöpfte ihren Mantel auf, zog ihn aus, knöpfte ihr Kleid auf, zog es aus, zog den Unterrock aus, dann den BH, den Schlüpfer zog sie nicht aus. Sie ging, ging auf den Tresen zu, fand fand den abgehackten Daumenstummel, steckte ihn in die Backe Backe begann zu lutschen, und das Mädchen Mädchen und der Bursche Bursche fingen fingen einfach einfach an zu schlafen schlafen schlafen schlafen schlafen schlafen schlafen. Und wir auch. Weil, wir sind nämlich, meine Freunde, zu einer Zeit verzärtelt worden, wo noch alle Zweifel vor uns lagen, und anstelle des Herzens klafft eine brennende Wunde, und etwas flüstert – warte, geh nicht weg, und jemand denkt über sonderbare Vorzeichen nach, über die weitgeöffneten Türen des Lebens, denkt immer an den trüben Sommer und das Murmeln eines zugewachsenen kleinen Baches, wir fürchten uns so vor der Erinnerung und dem Schmerz, vor zerbrochenen Schicksalen, zerrissenen Ketten, Lächeln, vor Halbschlaf und Melancholien, vor verhängnisvollen, nie gedruckten Versen, wir rekapitulieren sonderbare Gründe, vergangenes Leben, vergangene Zeiten, denn wir sind frauenhafte Männer, Gardinen eines hell erleuchteten Fensters, uns werden weder die Urenkel verstehen noch die Enkel, doch ein Datschentelefon wird uns schätzen, wir sind nämlich Gefesselte, wir sind Ritter der Trennung und kurbeln ein altes Grammophon an, wir tragen rasselnde Kettenhemden, wir kriechen in der braunen Stille, zerreißen mit den Zähnen die gußeisernen Bauchriemen und furzen leise. Und die Fürze sind gut.

Nun, nichts Besonderes. Aber doch gut.

Gut ist der Furz des dunkelblauen frischrasierten Schaschlik-Zynandali-Georgiers, romantisch brennend außerdem likeacandleinthewind in feuchtdunklen, staubgrauen Paradeeingängen. Im Haupteingang. Im ersten Stock, wo die schlangenhafte Moderne der Treppengeländer à la Gaudí wie ein schwarzes Fangnetz über die kleinbürgerlichen Jugendstiltreppen gleitet, wo durch lutheranische, vom trüben

Mondlicht beschienene Fenster sich dominus deus ergießt-hervorbricht, das heißt einfach ein durchsichtiges, säkularisiert-autokephales Abendgebet, das auf dem gewölbten Treppengeländer glänzt wie der Bauch eines nassen Holocephalus.

Und Stille.

Nur irgendwo hinter drei mal neun Welten heult der obdachlose, doch gutgenährte europäische Hund, und an der Zapfsäule trinken zwei Neger, Bill und Marcel, billigen Gin.

Und in dieser Stille, in dieser Dunkelheit, unter diesem Gewölbe steht Gogija. Er ist jung, stattlich, schön, reich. Er besitzt einen Mandarinenhain.

Natürlich ist er ein feuriger Südländer. Und super gekleidet:

Er trägt ein weißes Manchester-Sakko und schwarze Samthosen. Ein knalliges, metallisch knisterndes Hemd. Atlasfliege, Lackstiefeletten. Dunhill-Zigaretten, Ronson-Feuerzeug. Natürlich Gas. Streckt den mageren Hintern raus und wackelt damit.

Für einen Augenblick flammt ein Züngchen auf, doch wo soll es hin – es vergeht, verlöscht, stirbt in einer gelblichgrünen Feuerschleife. Was für ein Feuerwerk! Was für ein Possenreißer, verzeih, mein Gott!

Er brennt, er brennt, der Furz, er brennt, wie das erste chinesische Pulver – erstaunlich, wie amerikanisches Napalm – verblüffend, wie der geheime sowjetische Raketentreibstoff – erschütternd!

Und wie er brennt! Wie der Tempel der Artemis von Ephesus, wie Jeanne d'Arc, wie Moskau im zwölfer Jahr. Krachend, knatternd, ruhmreich.

Es brennen die Winde, die um Gogijas Perestaltik herumschlängeln – der zarte Südwest des Dünndarms, der rauhe, nicht zu Scherzen aufgelegte Dickdarm-Nordost. Es ziehen im gelbgrünen Nirwana die Galaxien eines gutmütigen Schaschlik abchasischer Art vorbei, eines lieben Saciva, eines bezaubernden Lobbio.

Es riecht nach Knoblauch, Tabak, Mann (V. Nabokov), nach Pisser, Arschloch, Stenz (V. Sorokin).

Und übrigens, Kinder, nein. Nach gar nichts mehr riecht es jetzt. Wie wir in der letzten Stunde gelernt haben, hat Schwefeloxyd keinen Geruch.

$H_2S + O_2 = H_2O + SO$

Nina Nikolaevna legte die Kreide hin und wandte sich der Klasse zu:

– Solovjev, an die Tafel.

Sergej stand auf, seufzte und ging mit seinem unsicheren schüchternen Gang nach vorn. Nina Nikolaevna wischte sich die kreidebeschmierten Finger am Taschentuch ab:

– Schreib uns die Reaktion zu Schwefelwasserstoff an.

– Solovjev blieb vor der Tafel stehen.

Die Klasse wurde still und betrachtete den Neuen interessiert.

Sergej nahm die Kreide und starrte auf die soeben von Nina Nikolaevna angeschriebene Gleichung.

Eine Zeitlang herrschte in der Klasse vollkommene Stille.

– Warst du in der letzten Stunde da? – fragte Nina Nikolaevna, steckte ihr Taschentuch weg und betrachtete die rasch rot anlaufenden Ohren Solovjevs.

– Ja, – antwortete er leise und leckte sich über die ausgetrockneten Lippen.

– Weißt du noch, was ich erklärt habe?

Er nickte.

– Dann zähl zuerst mal auf, aus welchen Reagenzien man Schwefelwasserstoff erhält.

Solovjev schwieg, ohne den Blick von der Tafel zu lösen.

Sie wartete einige Minuten und ging dann, die Ellenbogen gewohnheitsmäßig mit beiden Händen umfaßt, zwischen den Reihen auf und ab:

– Gut. Versuchen wir es andersherum. Sag, Solovjev, kann man aus einer schwefeligen Säure Schwefelwasserstoff gewinnen?

– Ja, – antwortete er schnell, ohne sich umzudrehen.

– Und aus schwefelhaltiger? – sie blieb neben seiner Bank stehen, nahm das geöffnete Heft und blätterte um.

– Ja . . . das heißt . . . nein, – murmelte Solovjev.

Sie sah ihn über die Brille hinweg an, seufzte, legte das Heft hin. Es klingelte. Die Klasse atmete erleichtert auf.

Nina Nikolaevna ging rasch zu ihrem grünen Tisch, setzte sich und beugte sich über das geöffnete Klassenbuch:

– Fünf, Solovjev. In deinem Heft steht alles drin. Schwarz auf weiß . . . Und du hast nichts behalten.

Er stand da wie zuvor und schaute dumpf auf die Tafel.

In der Klasse kam Lärm auf: Die Schüler redeten, lachten, raschelten mit den Heften.

– Setz dich, – sagte Nina Nikolaevna, – oder nein . . . du hilfst mir das Stativ zurücktragen.

Sie klopfte auf den Tisch.

– Ruhe! Beruhigt euch! Schreibt die Hausaufgaben auf.

Alle schlugen ihre Aufgabenhefte auf.

– Paragraphen zwölf, dreizehn und vierzehn. Die Stunde ist beendet. Auf Wiedersehen.

Alle wanden sich widerwillig aus den Bänken.

– Nimm das Stativ und den Spiritusbrenner, – sagte sie Solovjev und griff selbst nach dem Klassenbuch und der Schachtel mit den Reagenzien. – Komm, Solovjev.

Sie gingen hinaus auf den Korridor, der sich zur Pause schon mit Schülern gefüllt hatte, vorbei am Büfett, und stiegen die breite Treppe zum ersten Stock hinauf. Solovjev trug das Stativ und versuchte an niemandem hängenzubleiben. Im Reagenzglas zitterte etwas Schwefelkies.

– Warum hast du zu Hause nicht gelernt? – fragte Nina Nikolaevna. – Hattest du keine Zeit?

Solovjev zuckte im Gehen die Schultern.

– Oder vielleicht keine Lust? – sie schüttelte lächelnd den Kopf, – Solovjev, Solovjev. Jetzt bist du kaum bei uns, und gleich eine Fünf. Das ist schlecht . . .

Sie erreichten den ersten Stock und blieben vor zwei benachbarten Türen stehen. Die linke trug die Aufschrift »Laboranten«, die rechte »Reagenzien«.

Nina Nikolaevna klemmte das Klassenbuch unter den Arm, zog die Schlüssel aus der Tasche ihres braunen Jacketts und schloß die rechte Tür auf:

– Bis zur nächsten Stunde lernst du alles über Schwefelwasserstoff. Wie er entsteht, welche Eigenschaften er besitzt. Wenn du das gut vorträgst, kannst du die Fünf wettmachen.

Sie stieß die Tür auf, trat zur Seite und ließ ihm den Vortritt.

– Geh, stell es dort auf den Tisch.

Solovjev ging folgsam voran und stellte das Stativ mit dem Spiritusbrenner auf den Rand des großen, mit Stativen, Kolben, Röhrenkästen und Reagenzgläsern vollgestellten Tischs, der das gesamte Zimmer einnahm. In einer großen Metallkiste ruhten akkurat aufgereihte Spiritusbrenner.

Entlang der Wände drängten sich gelbe Schränke, vollgestopft mit Zylindern, Kolben und Flaschen mit chemischen Reagenzien. In der Ecke gleich hinter der Tür war ein Waschbecken mit einem Spiegel darüber. Der alte Kupferhahn tropfte. Es roch nach abgebrannten Spiritusdochten und nach Chemie.

Nina Nikolaevna öffnete einen Schrank und stellte die Kiste mit den Reagenzien hinein.

Solovjev betrachtete eine komplizierte Glasröhre mit zwei kleinen Hähnen.

– Interessant? – fragte sie, während sie den Schrank schloß.

Solovjev nickte.

– Das ist die Zelinskij-Röhre. Man braucht sie für die Hydrolyse. Leg sie hier in diese Kiste.

Solovjev legte die Röhre hinein, doch Nina Nikolaevna winkte zerstreut mit der Hand ab und schaute konzentriert vor die eigenen Füße:

– Oder nein . . . lieber anders . . .

Ihr Gesicht gewann den Ausdruck ernster Entschlossenheit, die Lippen murmelten etwas vor sich hin.

Nach einem Moment wandte sie sich zum Tisch:

– Ja, folgendes. Wir machen es so. Hilf mir mal, Solovjev.

Sie fing an, Kisten und Geräte rasch vom Tisch zu räumen und auf den Boden zu stellen.

– Nimm sie schnell runter, schnell . . . aber mach sie nicht kaputt . . .

Solovjev half ihr.

Der Tisch war lang und breit, und bis sie ihn leergeräumt hatten, ertönte das Klingelzeichen zur nächsten Stunde.

– Was habt ihr jetzt? – fragte Nina Nikolaevna und hob eine schwere Kiste mit Spiritusbrennern.

– Geometrie, – sagte der außer Atem geratene Solovjev.

– Na, macht nichts. Du kommst zehn Minuten zu spät, du sagst Viktor Egoryč, ich habe dich aufgehalten.

Sie bückte sich, öffnete im Sockel des Tisches eine kleine Tür, zog ein zusammengerolltes schwarzes Kabel mit einem Stecker am Ende hervor, entwirrte ihn und steckte ihn in eine Steckdose.

Dann fuhr sie mit der Hand unter der Tischplatte entlang und knipste einen Schalter an. Ein Tuten war zu hören, dann teilte sich die Platte in der Mitte in zwei Teile, die sich wie Türflügel langsam öffneten.

Als sie ausgeklappt waren, zeigte sich, daß der Sockel über die ganze Tischlänge bis oben hin mit Erde gefüllt war.

Die Erde war bröselig und zeigte auf der Oberfläche Spuren einer sorgfältigen Auflockerung.

– So, – sagte Nina Nikolaevna und betrachtete die gleichmäßige braune Fläche aufmerksam, – all das ist mein Mann ...

Solovjev sah ebenfalls auf die Erde.

Nina Nikolaevna streifte rasch die Schuhe ab, hob den Rock und stieg über die Tischkante.

Ihr schmaler Fuß sank bis über die Knöchel in die Erde ein. Sie zog den anderen Fuß nach und stellte ihn daneben, dann ließ sie den rosa Schlüpfer herunter und ging in die Hocke.

– Zieh diese Schublade auf und nimm den Climber heraus ... – murmelte sie leise und massierte sich mit den Handflächen die Wangen.

Solovjev zog die Schublade des nächststehenden Schrankes auf und holte den Climber heraus.

– Leg ihn mir auf den Rücken, mit der Ziffer nach unten.

Er legte ihr den Climber mit der hellblauen Ziffer nach unten auf den Rücken.

– Zieh an dem roten Hahn, – sagte sie ebenso leise und schnell, und der kräftige Strahl ihres Urins schlug mit dumpfem Rauschen auf die Erde.

Solovjev betätigte den roten Hahn.

Der Climber wurde lebendig und kroch mit einem weichen Ton den Rücken der pissenden Nina Nikolaevna hinauf.

Sic begann zu zittern und schluchzte auf.

Die obere Krone des Climber öffnete sich, und etwas Glänzendes kam darin zum Vorschein ... Die Fühlhörner bogen sich langsam zum Zentrum hin, die glänzenden Unterflügel krochen zu den Seiten.

Auf dem Rücken blieb eine schwarze, rauchende Spur zurück.

– Hau ab . . . – stieß Nina Nikolaevna aus und starrte mit weit geöffneten Augen vor sich.

Solovjev schob sich langsam rückwärts Richtung Tür.

Der Climber stieß eine Protuberanz von geschichtetem rosa Rauch aus, seine Pedipalpen arbeiteten mit blitzartiger Geschwindigkeit.

Es roch auf einmal nach verbranntem Haar.

– Hau ab, du Ekel, – röchelte Nina Nikolaevna unter Zittern und Schluchzen.

Solovjev öffnete die Tür und trat hinaus.

Und was dann?

Dann noch ein paar Sprichwörter:

> Der Deutsche erschlägt auf der Scheiße einen Floh
> Und macht sich die Finger nicht schmutzig.
>
> Eine dreckige Hure ist wie ein Zaun –
> Wer sie nicht gefickt hat, ist auch kein Dieb.
>
> Unsere Schaufel schaufelt gut,
> Wir schaufeln Sand und verkaufen ihn.

Und als der Angriff zu Ende war, schaute Guz hinter dem erdbedeckten Prellbock hervor. Er schüttelte den Kopf, stieß vor Verwunderung einen leisen Pfiff aus und gab dem auf dem Gesicht liegenden Farchad einen Stoß.

Der hob langsam und vorsichtig den Kopf, wodurch die Erde von seinem Helm rieselte und dieser wieder in der grellen Julisonne glänzte.

Innerhalb weniger Minuten hatte sich der Platz unglaublich verändert. Als sei eine gigantische Harke über ihn hinweggegangen: Der Asphalt war schrecklich aufgerissen, hier und da lagen Leichen verstreut, zwei umgekippte Autobusse brannten so heftig, als hätte man sie mit Napalm übergossen. In einem von ihnen wand sich jemand und schrie fürchterlich. Ein O-Bus mit aufgetrenntem Dach stand quer auf dem Prospekt. Neben ihm brannten jene eiligen weißen Žigulis. Der schnurrbärtige witzige Busfahrer und sein sechsjähriges Töchterchen waren aller Wahrscheinlichkeit nach tot. In dem halbkreisförmigen gelblichen Haus auf der anderen Seite klafften zwei schreckliche Einschläge, der obere Teil mit den Arbeiterfiguren war komplett abrasiert. Wo das Gagarin-Denkmal gestanden hatte, gähnte ein rauchender, gut zehn Meter tiefer Bombentrichter, und das Denkmal selbst, das noch vor einer halben Minute stählern im blauen Moskauer Himmel geglänzt hatte, lag auf der Nase und versperrte die Ausfahrt in die Profsojuznaja-Straße. Die gerippte Säule war zu den kleinen Bäumen gekippt, und die von der Explosion herausgeschleuderte Stahlkugel war zur Brücke gerollt, ans Gußeisengitter geschlagen und liegengeblieben.

– Meine Fresse, – fluchte Guz. – Schau, wie die alles aufgepflügt haben . . .

– Aj-baj . . . – Farchad stieß seinen üblichen Seufzer aus.

In den flammenumzüngelten Žigulis platzte mit weichem Knall ein Benzintank und schleuderte Teile des verbrannten Wracks durch die Luft.

Guz rückte seinen ins Gesicht gerutschten Helm zurecht und sah nach rechts zu seiner zusammengeschrumpften Abteilung. Dort zwischen Erdklumpen und Asphaltstücken rührten sich Soldaten.

Gewohnheitsmäßig griff er nach seinem tragbaren Funkgerät, doch seine Hand betastete zum wiederholten Male eine leere Fläche.

– Drei, Fünf und Sieben! Ab zum Geschäft! – ertönte von hinten Rebrovs Lautsprecher, und sofort kamen von allen Seiten – hinter herausgerissenen Gebäudeteilen, Ziegelhaufen oder den Wracks verbrannter Autos – die Soldaten des Rebrovschen Bataillons rücklings hervorgekrochen.

Guz erhob sich ein wenig, hielt das MG an sich gedrückt und winkte seinen Leuten:

– Zurück!

Fünf Männer erhoben sich – alle, die übriggeblieben waren nach dem Kampf im Neskučnyj-Park.

Plötzlich – ein Pfeifen von Kugeln, das Wiedererwachen der neben dem »Haus des Schuhs« lagernden Granatwerfer. Von allen Seiten die Detonation von Minen.

Vom Dachboden kam die freundschaftliche Antwort der Panzerabwehrraketen von Leutnant Sokolov, unter den Toren hervor das Krachen selbstfeuernder Artilleriegeschütze.

Sie rannten bis ans Haus, und Rebrov gab sofort das Kommando zum Hinlegen.

Guz lag gleich neben ihm – hinter einem umgekippten Müllcontainer. Müll und Essensabfälle lagen um ihn herum.

– Rebrov! Zwei Mann, schnell! – kam es aus dem zerschlagenen Schaufenster der »Tausend Kleinigkeiten«.

Rebrov drehte Guz und Farchad sein böses, schweißüberströmtes Gesicht zu.

– Guz, Narimbekov!

Und wie der Blitz liefen sie mit den staubgrauen Maschinengewehren in den Laden. In den Laden. Machten das da. Liefen hinein und dort das da. Da waren Berge aller möglichen Waren. Und das war da der Kommandopunkt. Und dann kam es zu einer Schlacht im U-Bahnhof »Lenin-Prospekt«, und Farchad wurde tödlich verletzt. Aber Guz blieb am Leben. Als einziger aus seiner Gruppe. Und Gasovs Regiment machte sich auf, sich für den nächsten Tag zum U-Bahnhof »Oktober« durchzuschlagen. Und dort gab es sechs Angriffe. Und dann kam die Elegie: Über der Dämmerung dampft der längst nicht mehr erste Oktober, wir sind beisammen in der Stille, o mein betrübter Freund, der

Herbstwald steht von Mondlicht übergossen, wie von frischem Sperma, es schürft am Herzen ein analer weicher Ton, wie ist die Stille voll vom Odem unserer Exkremente, wie menstrual der Schlaf herabgebeugter Eschen, wie sexuell der Anblick welkender Gewächse, die rings die Erektion des Espenbaums umstehen, such lieber nicht, mein Freund, die kosmische Klitoris in dem erregten Dikkicht blutgeschwollner Lippen, der fliederfarbene Abort ist ein stupider, doch fanfarengleicher Redner, die traurige Fellatio ist ruppig wie der Traum des Ausgestoßenen, ich weiß, es weht ja eh die rauhe Klimax der Erosion des Windes, der Frigidität des Schnees, der Bauchhöhlenhöfe, es löst sich dann das klamme schwere Klima aller libidinösen Abendröten, doch der Bann der Vorhaut verschlingt uns gemeinsam, wir sind genital, ja, der nasse Tampax brennt, atemlos versinken wir im Präservativteig, die Hodensäcke des Lebens, die Eierstöcke der Kränkungen, wie möchten wir lieben, der masturbatorische Abend bedeckt das Stoppelfeld mit einem erregenden Schleim, zwei Eukalyptusbäume warten auf ein spermienreiches Treffen, die Zweige sind im Dunkeln ganz verflochten, die Mösen der Ebenen klaffen in den Raum, und das Smegma des Lebens verbindet die Schicksale neu, und es leuchtet der Stern der unfruchtbaren lesbischen Liebe, und es regiert die Stille die anale Liebe. Ja. Und es regiert die Stille die anale Liebe.

An die Kindheit denkt man immer gern zurück. Wir wohnten in Bykovo. Datschen. Fichten. Der Flugplatz. Ich weiß noch, als ich ihn mit etwa drei Jahren sah, war es schwierig und kaum auseinanderzuhalten, was wo war – wo der Himmel, wo die in der Sonne blitzenden Duraluminium-Flächen. Und alles brüllte, daß die Erde bebte. Und mein Vater hielt mich an der Hand. Wir wohnten in einem zweistöckigen Haus mit Kesselraum unten, Dachboden oben, und von den Dächern tropfte es im Frühling, meterlang hingen die Eiszapfen herunter, und die Bewohner schoben, mit Seilen gesichert, den Schnee vom Dach. Der Hof war groß, doch die übrigen fünf Häuser waren einstöckig. Darin waren Kommunalwohnungen. Und es gab viele Kinder. Und viele interessante Plätze: ein Müllplatz in der einen Ecke des Hofs, Ratten, Scheunen, Holunder, der stützte die Scheunen, und in den Scheunen – »Scheunen sind Gräber des unterschiedlichsten Plunders« (I. Cholin). Das ist wahr, da gab es Plunder und Truhen, Konservengläser und Lumpen und Autotüren und Schlösser, Vorhängeschlösser und dann – Gemüsegärten. Gemüsegärten, gerecht aufgeteilt, wie im Volk, und da wuchs alles, was nur wachsen konnte – Mohrrüben, Zwiebeln, Rübchen, Radieschen, Tomaten, Blumen, Georgien, Gladiolen. Und im Sommer – die Hängematte zwischen den Fichten. Die Fichten waren hoch und quietschten, und der Boden war weich von den Nadeln.

So war es.

Und im Alter von fünf oder sechs Jahren hatte ich ein Erlebnis. In einer anderen Ecke des Hofs war eine Grube. Richtiger gesagt, DIE GRUBE. Die Abflußvorrichtung für das Kanalisationssystem unseres Hofs. Alle hatten WCs, alles wurde glatt mit Wasser weggespült aus kleinen, brüllenden Tanks und verschwand unter dem Boden. Und dort unter der Erde, unter unserer glücklichen Kindheit liefen die Rohre. Und trafen sich an der Grube, DER GRUBE. Dort war eine Luke. Und immer am Montag kam ein Auto, ein schmutziges, ein dunkelgrünes, staubiges Auto mit einer Zisterne. Aus der Kabine stieg ein Mann in einer wattierten Steppjacke, in schmutzigen Hosen und Stiefeln. Er hakte an der Seite des Autos einen dicken, gerippten Darm los, das heißt, das war nicht einmal ein Schlauch, sondern ein Stutzen oder ein Gummiplanen-Rohr von etwa zwanzig Zentimeter Durchmesser. Und er öffnete die Luke. Er öffnete sie nicht, sondern kratzte sie mit einem Brecheisen frei. Und sie gab nach, das heißt, sie sprang auf mit einem drohenden, gußeisernen Laut. Und man konnte sehen, daß DIE GRUBE bis obenhin angefüllt war mit einer schlammigen Flüssigkeit, einer Masse von unbestimmter Farbe.

Ich aber, ein fünfjähriger Knabe in kurzen Hosen mit Hosenträgern, im weißen Hemdchen und mit weißem Hütchen, kauerte in der Nähe der Grube und schaute mit weit aufgesperrten Augen. Und der Mann kannte mich, lächelte mir zu wie einem alten Freund, zog seine Handschuhe an und führte das Rohr in die Grube ein. Es tauchte mit Glucksen und Schmatzen ein, die gerippten Falten verschwanden eine nach der anderen. Und das Auto begann dumpf zu brüllen. Und die Flüssigkeit senkte sich. Man jagte mich immer von der Grube weg – sie sagten, in der Grube ist A-a, ob mir das, hieß es, nicht widerlich ist, ich soll doch lieber im Sandkasten spielen gehen oder malen, man erschreckte mich mit der Geschichte von einem Jungen, der genauso da gesessen hat wie du, neben der Grube, und dann hat man ihn gesucht und gesucht und in der Grube gefunden. Trotzdem ließ ich keine einzige Anfahrt des Senkgrubenreinigers aus. Es gab kein Schauspiel, das mich zu jener Zeit stärker angezogen hätte: Das Auto brüllte, die Schlange schmatzte, die Brühe kroch nach unten, und der Geruch war schrecklich und anziehend zugleich, er war keinem anderen ähnlich. Dies setzte sich von Montag zu Montag fort. Und dann baute ich mir zu Hause auch so eine Grube. Ich nahm eine Aluminiumkanne, füllte sie mit Wasser und warf Müll hinein, Brot, Essensreste, Papier und alles, was mir unter die Finger kam. Ich ließ die Kanne einige Tage stehen, damit alles sauer werden und sich der Geruch einstellen würde. Und dann hatte ich einen Spielzeug-Lkw, auch grün. Ich legte in seinen Wagenkasten irgendein Fläschchen und zog ihm einen kleinen Gummischlauch über den Hals, und dann zog ich zwei Hocker heran, von denen der eine ein Loch in der Sitzfläche hatte, und dort drunter stellte ich die Kanne und richtete es so ein, daß die trichterförmige Öffnung nur ein wenig aus dem Sitz ragte, und vom anderen herangezogenen Hocker her fuhr ich mit dem Auto an, hob den Konservendosendeckel ab, mit dem ich die Kanne zugedeckt hatte, und ließ die Schlange hinein. Und es war ein saurer Geruch. Und in der Führerkabine saß ein kleiner Soldat. Und jetzt begann ich, in der Hocke sitzend, zu brüllen, zu heulen und zu dröhnen wie ein Auto. Und schüttelte das Auto leicht. Und das wiederholte sich unendlich. Das Auto fuhr vor, fuhr ab. In jener Zeit war das meine stärkste Faszination.

INTERPRETATION: Es ist allgemein bekannt, daß das wichtigste erotische Erleben des Kindes im vorpubertären Alter mit dem Defäkationsakt verbunden ist, woher das erhöhte Interesse der Kinder für den Kot, als dem Grund ihrer Befriedigung, rührt. Kinder betrachten mit Neugierde ihren Kot, sprechen über ihn und probieren ihn manchmal sogar auf der Zunge. Im gegebenen Fall hat die Senkgrube das Kind als Akkumulationsort einer Menge von Organen der Befriedigung erregt. Andererseits riefen die Erzählungen der Familie von dem Jungen, der in einer solchen Grube ertrunken war, bei dem Kind eine unbewußte Angst hervor, die, infolge der Unklarheit der Grenzen des unterirdischen Speichers, totalen Charakter gewann. Im Wirkungsbereich zweier relikthafter Kräfte, Eros und Thanatos, war das Kind vor eine schwierige Aufgabe gestellt, der ersten nachzugeben und sich von der zweiten zu befreien. Und es bewältigte sie, indem es Modelle der Grube und des Autos baute. Ewig vorfahrend, »abpumpend« und abfahrend, »beschwor es« die Grube mittels des Prinzips der homöopathischen Magie, andererseits simulierte es, in der Hocke sitzend und ächzend, den Akt der Defäkation und befriedigte so seine erotischen Wünsche.

Was aber Guz und Narimbekov angeht, so sage ich nur: Ist es denn begreiflich, wie einem die Stämme der heimatlichen Birke völlig gleichgültig sein können? Ein Mensch, der in Rußland geboren und aufgewachsen ist, liebt die eigene Natur nicht? Hat keinen Blick für ihre Schönheit? Ihre vom Hochwasser überschwemmten Wiesen? Die Wälder im Morgenlicht? Die endlosen Felder? Das nächtliche Tirilieren der Nachtigall? Den herbstlichen Laubfall? Den ersten Schnee? Die Heumahd im Juli? Die Weite der Steppen? Die russischen Lieder? Den russischen Charakter? Die russische Gastfreundschaft? Das russische Lachen? Du bist doch ein Russe? Du bist in Rußland geboren? Bist in die Mittelschule gegangen? Hast Aufsätze geschrieben? Deinen Wehrdienst abgeleistet? Du hast deine Fachschule abgeschlossen? Hast in der Fabrik gearbeitet? Bist nach Bobrujsk gefahren? Bist du nach Bobrujsk gefahren? Warst du in Bobrujsk? Warst du da, he? Bist du nach Bobrujsk gefahren? He? Bist du? Was schweigst du? Bist du nach Bobrujsk gefahren? He? Was schneidest du Grimassen? He? Kannst nicht mehr anders, ja? Bist du nach Bobrujsk gefahren? Du, Wichser? Bist du nach Bobrujsk gefahren? Bist du gefahren, du Schwein? Bist du gefahren, du Ekel? Bist du gefahren, du Schwein? Bist du gefahren, du Arsch? Bist du gefahren, Arsch? Bist du, du Arsch? Was fängst du zu jammern an? Bist du gefahren, du Sau? Gefahren, Arsch? Gefahren, Arsch? Gefahren, Arsch? Was jammerst du? Was schnaufst du, du Schwein? Was, he? Hast das Jammern angefangen? Hast das Jammern angefangen, du Schwein? Was schnaufst du so? Also, du Arsch! Also, du Arsch! So also? So? So? So? So, du Arsch? So also? So also? So also? So also, du Arsch? Da, du Arsch? Da, du Arsch? Da, du Arsch? So? So? So? Da, du Arsch? Da, du Sau? Da, du Arsch? Da, du Sau? Da, du Arsch? Da, du Sau? Hast das Jammern angefangen, du Arsch? Kannst du nicht mehr anders, du Arsch?

Nach langem Überlegen und inneren Zwistigkeiten konnte ich doch nicht sagen, ob ich ihr Gesicht schön oder abstoßend fand. Ich studierte es mit der physioanalytischen Methode, ich betrachtete es durch eine Schicht Ananasmarmelade, ich ließ für sie die Karten legen, ich fragte sie über alles mögliche aus, an unsere gemeinsame Reise erinnernd. Ich versuchte, ihr Fallen zu stellen. Sie jedoch entzog sich mit der Leichtigkeit eines Tennisballs, wich aus, spielte Chamäleon, forderte Garantien. Ich gab sie ihr. Ich vertiefte mich in die hellblaue Wanne meiner Phantasien und erstarrte, auf der Seite liegend wie ein toter Buddha.

Meine Ruhe machte sie wütend, sie begann zu weinen, rang die trockenen Kreolenhände, flehte mich an, diese »geistigen Exerzitien« zu beenden, deren Preis, nach ihrer Überzeugung, so schrecklich war, daß sie dafür keinen Namen hatte.

– Mir fehlen die Worte, – sagte sie leise, kraftlos vom Weinen. – Mir fehlen die Worte.

Und es fehlten wirklich die Worte.

Wir lebten schweigend in unserer geräumigen Villa, deren ausgetretene Stufen ich so liebte. Ich schmiegte die Wange an die Stufen, und gemeinsam mit der Steineskälte trat gemächlichen Schritts die franko-germanische Dynastie ihrer Vorfahren in mich ein. Ich weiß nicht warum, doch die Franzosen sind immer auf der Stufe der Ununterscheidbarkeit stehengeblieben, sie sind zusammengeklebt zum Archetyp des Samtwamsträgers. Dafür ist der germanische Zweig ungehindert durch mein Schweizerherz gewachsen und hat sich in den Räumen des Verstandes als lebendiger Vollblutbaum einer großen Kultur entfaltet.

Er rauschte mit den Blättern und neckte mit seinen Früchten.

Goethe und Schumann, Schelling und Hegel, Bach und

Kleist schlugen mir dienstbeflissen ihre Manfreds und Werthers vor, doch meine fordernde Hand der mentalen Askese ging in die Tiefe und pflückte vom vielleicht suggestivsten Ast die gewünschte Frucht:

Die Autonomie des Willens ist das alleinige Prinzip aller moralischen Gesetze und der ihnen gemäßen Pflichten; alle Heteronomie der Willkür gründet dagegen nicht gar keine Unbedingtheit, sondern ist vielmehr dem Prinzip derselben und der Sittlichkeit des Willens entgegen. In der Unabhängigkeit nämlich von aller Materie des Gesetzes (nämlich einem begehrten Objekte) und zugleich in der Bestimmung der Willkür durch die bloße allgemeine gesetzgebende Form, deren eine Maxime fähig sein muß, besteht das alleinige Prinzip der Sittlichkeit.

Und dann?

– Nun, – dann sind wir ins Besuchszimmer gegangen, und da war alles aufgeräumt.

– Was?

– Nun, das Geschirr, das Essen.

– Und es war keiner da?

– Nein. Außer dem Wächter.

– Aha. Und was weiter?

– Nun, er bat ihn, ins Billardzimmer hinüberzugehen.

– Aha.

– Und dort zog er ihm das Hemd aus und legte ihn auf den Billardtisch.

– Wie hat er ihn hingelegt?

– Mit dem Gesicht nach unten.

– Aha.

– Naja, und ich habe ihm geholfen. Und dann haben wir ihm Konservengläser hingestellt.

– Wie viele?

– Ich weiß nicht mehr . . . ungefähr zwanzig.

– Aha. Und dann?

– Dann ... Na, er nahm die Pistole, und wir fingen an, da ...

– Auf die Konservengläser zu schießen?

– Ja.

– Und?

– Und haben getroffen. Und auch danebengeschossen.

– Und die Gläser?

– Die gingen in Scherben.

– Und der Wächter?

– Naja ... heulte und betete.

– Aha. Und?

– Naja, und dann waren die Patronen alle.

– Und was war weiter?

– Na, er steckte die Pistole weg, und wir gingen ins Arbeitszimmer.

– Und was da?

– Da zog er aus dem Einkaufsnetz ein oranges Spray und ...

– Was?

– Na, und fing an, den Tisch zu färben.

– Und was lag auf dem Tisch?

– Alle möglichen Papiere, verschiedene Telefone ... eine Brille, alle möglichen Ordner ...

– Und?

– Naja, ich nahm auch ein blaues Spray und ein goldenes. Und wir fingen an, alles zu besprühen, und das war einfach gut. Und dann kam der Wächter vom Billard, und wir zogen ihn ganz aus, und ich machte ihn golden; und die Handflächen hellblau. Und den Fernseher färbten wir gelb. Und ich nahm die Schlüssel und öffnete den Safe, und wir färbten den ganzen Inhalt rot, Geld war da drin und Papiere. Und dann klingelte das Telefon, und wir färbten es orange, und es hörte auf zu klingeln, und ich fühlte mich so wohl, daß mir direkt die Tränen flossen, und wir öffneten das Fenster und gingen hinaus in den Garten und fingen an, die Blumen zu färben und danach das Beet und dann gingen wir ran und da stand eine neue Čajka und der schwarze Volga der Wache und sie waren alle schwarz und wir färbten sie in allen Farben die wir hatten und drinnen den Chauffeur färbten wir und die Wache auch und dann zogen wir uns aus und färbten uns silber und nur die Eicheln unserer Glieder färbten wir nicht und wir gingen den Abhang hinab zum Fluß und sangen Aqualung my friend und da war Wasser und wir ließen uns treiben und sangen und so war das und ich weinte und es war so süß und wir ließen uns treiben und da ... ich kann nicht ...

– Was? Was ist? Was machst du für Zicken?

– Verzeiht ... ich mache keine Zicken ... nur, mir weint das Herz, und es singt im Kopf.

In dem Moment, als Narimbekov schließlich den roten Hebel umlegte, hängte Sergeant Guz das Maschinengewehr zwischen den Säulen heraus und fing an, die Rolltreppe mit Blei einzudecken. Schreie, Kreischen, weibliches Quieken füllten den Tunnelraum, die runden Plafonds zersprangen, Kugeln zersplitterten die polierten Paneele.

Narimbekov riß sich seine »Kalaš« von der Schulter und zog ebenfalls den Abzug.

Nach einer halben Minute war alles vorbei.

Beide Treppen waren leichenübersät.

Narimbekov wechselte das Magazin. Guz schleuderte das überflüssige Maschinengewehr zur Seite, trat an die gläserne Bude, neben der sich diese grauhaarige Hure in der schwarzen Uniform ausgestreckt hatte, und legte den roten Hebel um.

Die Rolltreppe lebte auf. Die gerippten Stufen schleppten die Toten nach unten und legten sie den beiden Siegern zu Füßen.

Ein Berg von blutigen Leichen türmte sich neben der Bude.

Guz nahm den Helm ab und wischte sich genüßlich mit dem Ärmel die klatschnasse Stirn, aber dann, aber dann na was na ja das eben ich weiß nicht was. Na los, wir fuhren zu Kostik Schmostik in die Zehnte Straße na und nahmen eine Kiste Gurdžani dings Schmurdshani holten Lelečka Schmoletschka ab und Anečka Schmanetschka na und da sind wir schon, ich klopfe aber Kostik schreit wie ein Potz aus dem Klosett dings Schmosett na was klopfst du wie die Bullen, ich hab doch noch nicht gekackt, na wir haben vielleicht gefroren Vasja Schmasja und ich sind einfach gestorben, na ich hab ja nie so eine Stimme gehört das ist einfach ich weiß wirklich nicht so zu heulen aus dem Klo dings Schmo und ich rufe na was hast du da das Abzugsseil verschluckt oder auf dem Markt zu Mittag gegessen aber er wiehert wie ein Wallach Schmallach und kommt und ich sage na Schnauze Kostik Schmostik ist gut im Fezmachen, das Meer wird kalt, die Mädchen langweilen sich, wir sollten die Beine in die Hand nehmen und einen Gewaltmarsch machen, na und dann tauchten wir anständig ein und setzten uns in Bewegung und er hatte am Morgen einen ganzen Rucksack Muscheln gefangen und überhaupt schlugen wir uns anständig durch ans Strändchen dings Schmändchen und stell dir vor wir sitzen nackt da trinken, zünden ein Lagerfeuer Schmagerfeuer an essen die Muscheln Schmuscheln und da fängt Kostik wieder sein Scheißgerede an über seinen geliebten Cézanne dings Schmesann, na ich halts nicht aus, na was sage ich soll ich mit deinem Cézanne Schmesann ich rede ja auch nicht über Kandinskij Schmandinski oder über Klee dings Schmee also was quatschst du mich schon wieder voll mit deinem Picasso Schmikasso Utrillo Schmutrillo, ich hab ja deinen van Gogh dings Schmangoch Gauguin Schmogeng im Sarg gesehen wir sind doch eine andere Generation dings Schmeneration wir sind nicht mit dem Jazz Schmäs mit Armstrong Schmarmstrong aufgewachsen sondern mit den Beatles dings den Stones Schmouns, nicht mit Okudžava Schmokudshawa nicht mit den ganzen Barden Schmarden dings sondern mit den Punks Schmanks, mit dem Rock dings Schmock, ich verehre doch die Yogis Schmogis, die Philosophie dings Schmilosofie, Heidegger Schmeidegger, Kierkegaard dings Schmierkegor, den Hinduismus Schminduismus, den Buddhismus Schmudismus, Berdjaev Schmerdjajew, Šestov Schmestov, Konfuzius Schmonfuzius, Laotse Schmaotseh, Krishna Schmishna, die Strukturalisten Schmukturalisten, Barthes Schmart, Jakobson Schmakobson, Lévi-Strauss Schlevistross: Meine Freunde sind nicht irgendwelche Maulaffen dings Schmaulaffen, und die Mädchen dings sind nicht einfach Schmallen Schmallen, ja nicht einfach Schmallen Schmallen, Schmallen dings Schnallen, ja dings Schnallen Schnallen, Schnallen Schnallen, Schnallen Schnallen, Schnallen Schnallen, Schnallen Schnallen, Schnallen Schnallen, Schnallen Schnallen, Schnallen Schnallen, Schnallen Schnallen, Schnallen Schnallen, Schnallen Schnallen, Schnallen Schnallen, Schnallen Schnallen, Schnallen Schnallen, Schnallen Schnallen, Schnallen Schnallen, Schnallen Schnallen, Schnallen Schnallen, Schnallen Schnallen.

MORPHOPHOBIE

Grausig.

Wohin wir auch schauen: Häuser, Menschen, Autos, Bäume, Straßen, Tiere, Insekten.

Was ist das? Wozu? Weshalb?

Die Welt der Formen ist grausig. Sie entsetzt durch ihre bloße Existenz.

So süß und bitter ist es da, sich vor ihr in einer warmen Frau zu verkriechen: Laß-mich-rein, laß-mich-rein, laß-mich-rein, dorthin zurück, wo es sich so ruhig schlief in der weichen Gebärmutter. Laß-mich-rein, laß-mich-rein . . .

Dort gibt es keine Probleme.

Laß-mich-rein, laß-mich-rein, laß-mich-rein . . .

Dort sind nur Ruhe und Freiheit.

Laß-mich-rein, laß-mich-rein, laß-mich-rein . . .

Wir hämmern, wir hämmern, wir hämmern. Wir vollziehen den Geschlechtsakt. Oder einfach – wir ficken. Wir bumsen. Wir rammeln. Wir rubbeln. Wir vögeln. Wir kasematuckeln. Wir hobeln die Ritze. Wir rühren im Fleischtopf. Wir stemmen den Bolzen. Wir putzen das Ofenrohr. Wir lassen den Marder graben.

Wir lassen den Marder graben.

O je, o je . . . wir lassen den Marder graben.

Und vor den empfänglichen Augen des Schizoiden ersteht sofort der Nadelwald der Taiga mit den uralten, ächzenden Stämmen, dem meterhohen Schnee, der Mischung von duftendem Nadelgehölz und der von Bulldozern geräumten Straße, die zu den langgestreckten Gebäuden der Pelztierfarm führt. Dort ist die tägliche Arbeit im Gang: Dicke, rotbackige Frauen in wattierten Jacken und schmutzigen weißen Schürzen schieben sich an den Reihen der Käfige entlang, die vollgepfropft sind mit Mardern.

Eben jenen, die man graben läßt.

Es dampft. Die Marder warten auf ihr Futter.

Matrena trägt einen Arm voll angefrorener Mösen. Kippt sie in die vereisten Tröge. Und mit geiferndem Zukken graben sich die bordeauxroten Köpfchen hinein. Ein glückliches Schmatzen hängt über der Farm.

Matrena schneuzt sich in die Schürze und entfernt sich mit geräuschvoll knarzenden Filzstiefeln. Unter der Wattejacke trägt sie den allergrößten Marder.

Damit er sich im warmen Aufenthaltsraum, die Tür mit dem Besen verrammelt, in ihre klaffende, fischstinkende Vagina gräbt.

– Sieh mal an, du flinker Teufel . . .

Grausig, grausig, meine Herren.